NO DEJES TU CEREBRO EN LA PUERTA

POR JOSH McDOWELL Y BOB HOSTETLER

GRUPO NELSON
Una división de Thomas Nelson Publishers
Desde 1798

NASHVILLE   DALLAS   MÉXICO DF.   RÍO DE JANEIRO   BEIJING

© 1993 EDITORIAL CARIBE
P.O. Box 141000
Nashville, TN 37214-1000

Título en inglés: *Don't Check Your Brains at the Door*
© 1992 by *Josh McDowell and Bob Hostetler*
Publicado por Word, Inc.

ISBN-10: 0-88113-197-0

ISBN-13: 978-0-88113-197-0

Impreso en E.E.U.U.
Printed in U.S.A.

E-mail: caribe@editorialcaribe.com

20ª Impresión, 09/2007
www.caribebetania.com

Contenido

Reconocimientos 7

«Nosotros» vs. «Yo» 9

Introducción. 11

Mitos acerca de Dios

1 El policía cósmico 15
   El mito del aguafiestas

2 Dios a la Luke Skywalker 19
   El mito de la fuerza impersonal

3 Dios de maquinita. 23
   El mito de Santa Claus

Mitos acerca de Jesús

4 Jesús el profeta 29
   El mito del buen maestro

5 Jesús a medias. 33
   El mito del superestrella

6 Jesús el bonachón 37
   El mito del que no mata ni una mosca

7 Jesús sobre las nubes 41
   El mito de Jesús sentado en sus laureles

8 Jesús color de rosa 45
   El mito del racista

Mitos acerca de la Biblia

9 El más grande y único 53
   El mito de «Es sólo otro gran libro»
10 La Biblia y el queso suizo 57
   El mito de la Biblia con agujeros
11 La Biblia y el juego del teléfono
   descompuesto 61
   El mito de las variaciones textuales
12 Hechos por ficción 67
   El mito de los mitos y leyendas
13 El Dr. Lucas y el caso del politarca
   desaparecido 71
   El mito arqueológico
14 ¿Verdad o coincidencia? 77
   El mito de la coincidencia

Mitos acerca de la resurrección

15 ¿Jugamos al muertito? 85
   El mito del soponcio
16 ¿Estaban ciegas o qué? 91
   El mito de la tumba equivocada
17 ¿Jugamos al escondite? 95
   El mito del cuerpo robado

Mitos acerca de la religión y el cristianismo

18 El techo de un hombre es
   el piso del otro 103
   El mito de la relatividad

19 Si tú estás bien, yo *tengo* que estar bien 107
  *El mito de que «Dios nos calificará
  según el promedio»*
20 Cuando allá se pase lista, todo
  el mundo estará allá 111
  El mito universalista
21 No es lo que conozcas, sino
  a quién conozcas. 115
  El mito de la ideología
22 Deja tu cerebro en la puerta 119
  El mito del intelectual
23 Tito y el profesor. 123
  El mito de la fe ciega
24 Abraham Lincoln y la clase de las diez
  de la mañana. 127
  El mito de lo que no es científico
25 Tenis y tomates cocidos 133
  El mito del lavado de cerebro
26 Sin lugar a dudas. 139
  El mito de Tomás
27 Las macetas no contestan oraciones . . . 143
  El mito de la fe subjetiva
28 Cómo predicar moral en calzoncillos . . 147
  El mito de «Elmer Gantry»
29 La promesa de la serpiente. 151
  El mito de la Nueva Era
30 ¡No es justo, yo no me merezco esto! . . 155
  El mito del jardín de rosas

Mitos acerca de la vida y la felicidad

31 El estilo de vida de los ricos y famosos . 161
   El mito del consumidor

32 «El labio» y el ingenioso Dodger 165
   El mito de Leo Durocher

33 Un mundo sin filomáticos,
   brabucones ni sesos huecos 169
   El mito de los fariseos

34 Los hombres siempre serán hombres . . 173
   El mito de la hombría

35 El viejito de la esquina 177
   El mito del egoísmo

36 La bella es la bestia 181
   El mito de la modelo

37 Todo el mundo lo hace 185
   El mito del conformista

38 Sexo no es una mala palabra 189
   El mito del puritano

39 De zapatos, barcos, conchas,
   cangrejos y otras cosas 193
   El mito anarquista

40 Estrellas en los ojos. 197
   El mito del amor a primera vista

41 Salvación de autoservicio 201
   El mito humanista

42 No hay otro lugar como el hogar 205
   *El mito de que el cielo es
   un lugar en la tierra*

Reconocimientos

La publicación de uno de mis libros es,
por lo general, el resultado del trabajo de un equipo
de personas dedicadas con quien estoy en deuda.
Y este libro no es la excepción. Estoy en deuda
con Joey Paul de Word Publishing, quien nos presentó
a Bob Hostetler, el co-autor, y a David Bellis
por trabajar con Bob para moldear y pulir el libro
hasta su forma final; y especialmente al mismo
Bob Hostetler. Ha sido un privilegio y un honor trabajar
con un hombre tan creativo y talentoso como Bob.
Su perspicacia, humor y habilidad para escribir
me han ministrado y estoy seguro que te ministrarán
a ti también. Aunque este libro ha sido un esfuerzo conjunto,
Bob merece el verdadero crédito.

Josh McDowell

«Nosotros» vs. «Yo»

Las experiencias personales de este libro
son de mi vida y de la vida de Bob Hostetler.
Pensamos que sería más fácil de leer y menos confuso
referirnos a ellas en primera persona en vez de tratar de
identificar cuál de los dos las tuvo.

Josh

Introducción

Lo llamaban el Picasso de la falsificación.

Era el mejor. Su destreza para hacer dinero falso era legendaria. Y había trabajado por un año completo para perfeccionar el conjunto más fino de placas falsas grabadas jamás creado.

Cuando lo atraparon, este artista retó a los agentes gubernamentales que lo arrestaron. Puso uno de sus propios billetes falsos de 20 dólares junto al que había copiado. «¡Los desafío», les dijo, «a encontrar la diferencia entre estos dos billetes!»

El hombre de la Tesorería no quiso discutir.

«No tengo que hacerlo», dijo. «El que tú copiaste es falso también».

Muchos adolescentes cristianos de hoy cometen el mismo error. Cuidadosamente duplican las creencias de sus padres. Reflejan las opiniones de sus amigos. Asimilan los valores que ven exhibidos en la sociedad. Imitan la conducta que observan en la iglesia. Trágicamente, sin embargo, muchas de las cosas que copian son falsas en sí, como el desafortunado falsificador.

Ana está sorprendida de la reacción que obtiene cuando propone que se incluya la Biblia en una lista de lecturas para un curso de Literatura Universal de la Universidad. «No estás hablando en serio», algunos dicen. «La Biblia puede tener algunas leyendas y mitos fascinantes, pero no me pidas que la tome en serio».

Sandra, de 16 años, acepta sin pensar el punto de vista común de que «cristianos, budistas, musulmanes —todos irán al cielo, sólo que tomamos diferentes caminos para ir al mismo lugar».

Cuando se trata de relaciones chica-chico, Carlos tiene

mentalidad de armario: «¡No eres hombre hasta que "lo haces"!»
Ve el sexo como un rito de cambio, la línea para convertirse de
un niño a un hombre.

Una confrontación de Andrea con sus padres revela una de
sus convicciones: «No pueden decirme lo que está bien y lo
que está mal», insiste ella. «Tengo casi dieciocho años. No
pueden imponerme su moralidad. Sólo porque para ustedes
sea malo no tiene que ser malo para mí».

Por lo tanto... ¿qué es verdad y qué es mito? Los adolescentes
y los adultos jóvenes lo ven en todas partes: Sus padres les
dicen una cosa y sus amigos les dicen lo contrario. Hollywood
predica un mensaje y la iglesia dice: «No, eso es incorrecto».
Mucho de esto es verdad. Mucho es mito.

Este libro trata de eso. En estos breves capítulos discutimos
mitos comunes, muchos de los cuales se aceptan sin pensar, y
entonces los evaluamos a la luz de la Biblia. Te sorprenderá,
deleitará y en algunos casos te espantará descubrir algunas
ideas profundamente arraigadas acerca de Dios, la religión y la
vida, que no son más que mitos.

Cada capítulo concluye con un rápido ensayo, un pequeño
ejercicio acerca del material que se incluye en el capítulo y
provee una perspectiva crucial según la Palabra de Dios.

Los autores esperan que, cuando hayas enfrentado los mitos
que presentamos en estas páginas, estés «preparado para
presentar defensa... ante todo el que os demande razón de la
esperanza que hay en vosotros» (1Pedro 3.15). No sólo eso,
sino que tu fe se fortalezca al punto de que estés también
armado para enfrentar otras mentiras, nunca antes enfrentadas,
que contradicen o diluyen la verdad de la Palabra de Dios.

Mitos acerca de Dios

1
El policía cósmico

El mito del aguafiestas

Mucha gente se imagina a Dios como un policía cósmico parado en medio de las galaxias y dirigiendo el tránsito. «¡Oye tú! Te estás divirtiendo mucho, ¿verdad? ¡Pues ya párale!»

«Y tú. Sí, tú, el del video. ¿Qué clasificación tiene? ¿Es para adultos? Conque sí, ¿eh? ¡Pues está decomisado! Dámelo acá».

«¿Y quiénes son esos dos en la esquina que parecen unos gemelos siameses? ¿Cindy y Roberto? Debí imaginármelo. Ya basta, esto se acabó. Por lo menos mientras yo sea el patrullero».

Dios. El aguafiestas cósmico. Lo único que queremos es divertirnos un poco y Él quiere echarlo todo a perder.

Y, por el contrario, nos imaginamos al diablo como un duendecillo al que le encanta la diversión. El comediante Flip Wilson popularizó la frase: «El diablo me obligó a hacerlo», como si el diablo fuera un «gran chico» que solamente nos quiere ayudar a divertirnos.

Esa es una mentira.

Al diablo no le importa si tú te diviertes o no. Él te odia. Lo único que quiere es acabar contigo. Pedro dice que el diablo siempre está buscando «a quién devorar».

En Tierra Santa un guía de turistas le dijo a su grupo: «Probablemente ustedes están costumbrados a ver a los pastores detrás de los rebaños arreando a las ovejas. Pero en la Palestina las cosas son diferentes, el pastor va al frente del rebaño guiando a las ovejas».

Para sorpresa de los turistas, el primer rebaño de ovejas que vieron pasar no lo guiaba el pastor sino que más bien corría con él. Apenado, el guía le preguntó al pastor: «¿Por qué corres con las ovejas? Yo creía que los pastores orientales *guiaban* a las ovejas».

«Ah, sí», respondió el hombre, «eso es cierto. El pastor guía a sus ovejas, pero yo no soy el pastor. Yo soy el carnicero».

Satanás es un carnicero. Él no está interesado en proporcionarte placer o felicidad. Sólo está interesado en devorarte.

Jesús puso las cosas en la perspectiva adecuada y expuso este mito cuando dijo: «El ladrón [Satanás] no viene sino para hurtar y matar y destruir; yo he venido para que tengan vida, y para que la tengan en abundancia» (Juan 10.10).

Al diablo no le importa si tú te diviertes o no, él solamente quiere robar, matar y destruir.

Dios no quiere echarte a perder la diversión. Él quiere que disfrutes de la vida y que la disfrutes plenamente. Dios quiere que tu vida sea plena y que experimentes los placeres eternos de los que habla el salmista:

> Me mostrarás la senda de la vida;
> En tu presencia hay plenitud de gozo;
> delicias a tu diestra para siempre.
> *(Salmo 16.11)*

Ejercicio

Desarrolla tu capacidad para enfrentar el mito del aguafiestas con el siguiente ejercicio:

Lee 1 Pedro 5.8. ¿Cómo describe este verso a Satanás? ¿Por qué?

Lee Job 2.1-8. ¿Qué es lo que el diablo quiere para Job? ¿Por qué?

Lee Zacarías 3.1. ¿Qué es lo que Satanás hace por Josué en este versículo?

Lee Apocalipsis 12.10. Este versículo habla de Satanás. ¿Qué es lo que dice que él hace «día y noche»? De lo que leíste en Job y en Zacarías, ¿puedes determinar a quién se refiere cuando dice «nuestros hermanos»? ¿Te incluye esto a ti?

2
Dios de Luke Skywalker

El mito de
la fuerza impersonal

Después de escapar de la gente de arena, Luke Skywalker se encuentra en el planeta de Tatoil con Obi Wan Kenobi. Luke acaba de descubrir que Obi Wan es un caballero Jedi que ha luchado en las Guerras Clone con el padre de Luke. Obi Wan le da una espada láser que perteneció a su padre, y en el transcurso de la conversación menciona «la fuerza».

«¿La fuerza?», dice Luke.

Obi Wan responde: «Bueno, la fuerza es lo que le da al Jedi su poder. Es un campo de energía creado por todas las cosas vivientes. Nos rodea y nos penetra. Mantiene unidas a las galaxias».

Ese concepto de fuerza que vimos en la popular serie de películas de *La guerra de las galaxias* tiene algo muy conocido. Mucha gente se imagina que Dios es «la fuerza». La imagen que tienen de Dios es la de una fuerza impersonal o alguna forma de energía sin rostro que misteriosamente rodea y guía el Universo.

Pero eso es un mito.

Por supuesto que Dios rodea y guía el Universo. Él es omnipresente. Él es Espíritu. Pero no es una fuerza misteriosa ni una forma de energía que simplemente está ahí afuera en algún lado. No es una «cosa» ni un «algo». Lo sorprendente acerca de Dios es que Él es un Dios personal.

«Yo amo a los que me aman, y me hallan los que temprano me buscan» (Proverbios 8.17). Nota los pronombres que Dios usa al referirse a sí mismo. «Yo... me... me... me». ¿Acaso suena esto como una «energía cósmica?»

Lejos de ser una fuerza impersonal, la Biblia se refiere a Dios como «el Dios de Abraham, Isaac y Jacob». Él le dijo Su nombre a Moisés; se rebeló a sí mismo a Samuel; le habló a

Isaías en el templo. Jeremías supo de Él cuando le dijo: «Antes que te formase en el vientre te conocí» (Jeremías 1.5). El apóstol Pablo le llamaba «mi Dios». El rey David lo llamaba el padre de los huérfanos y defensor de las viudas; y todos los cristianos han recibido el «espíritu de adopción» para que clamemos «¡Abba, Padre!» (Romanos 8.15).

Dios, el verdadero Dios, está *personalmente* interesado en ti. Él te conoce por nombre. Y a Su pueblo le dice: «He aquí que en las palmas de las manos te tengo esculpida...» (Isaías 49.16). «... Él tiene cuidado de vosotros» decía el apostol Pedro (1 Pedro 5.7). Jesús dijo: «Pues aun vuestros cabellos están todos contados» (Mateo 10.30). Y Dios promete que: «... me buscaréis y me hallaréis, porque me buscaréis de todo vuestro corazón» (Jeremías 29.13). Esta es una promesa que tú puedes tomar *personalmente*.

Ejercicio

Desarrolla tu capacidad para enfrentar el mito de la fuerza impersonal con este ejercicio:

Lee Jeremías 29.12,13. Encierra en un círculo cada pronombre personal (yo, me, tú, etc.) que encuentres en los versículos.

Localiza Jeremías 1.5. Encierra en un círculo los pronombres personales en esa breve referencia.

Lee el encuentro de Moisés con Dios en Éxodo 3.1-15. ¿Cómo se identifica Dios a sí mismo con Moisés en el versículo 6? ¿Cuál es el nombre que Dios utiliza para referirse a sí mismo en el versículo 14? ¿Cuántas veces utiliza Dios el pronombre «yo» en estos versículos? (Cuéntalos y escribe la respuesta aquí _____.)

3
Dios de maquinita

El mito de Santa Claus

«Está bien Dios, te voy a dar una oportunidad para que me pruebes quién eres realmente».

Roberto se arrodilló a un lado de su cama. Tenía 7 años de edad y quería de todo corazón creer en Dios. Así que inclinó el rostro sobre sus manos entrelazadas y continuó:

«Quiero creer en Ti. Así que, si cuando me levante en la mañana encuentro un millón de dólares debajo de mi cama voy a creer en Ti ciegamente y nunca más voy a dudar».

Por supuesto, Roberto no encontró el millón de dólares.

Quizás porque el deseo por el dinero era más grande que el deseo de conocer a Dios. O quizás el dinero no estaba ahí en la mañana porque el millón de dólares que pidió no cabía debajo de la cama junto con todos los juegos, rompecabezas, tocadiscos, ropa sucia y las demás cosas que ocupaban tanto espacio.

Sin embargo, es probable que la razón por la que no obtuvo el dinero tenía mucho que ver con una idea errónea acerca de Dios. Roberto se imaginaba a Dios como una maquinita: Uno deposita una oración, oprime el botón correcto y el deseo se hace realidad. Él se imaginaba a Dios como un Santa Claus esperando en la inmensidad del espacio para cumplir su lista de deseos. Si oraba lo suficiente y creía lo suficiente, Dios le daría todo lo que su corazón deseara a los 7 años.

Eso es lógico en un niño, pero desafortunadamente mucha gente arrastra hasta edades adultas esa percepción de Dios de «la divina maquinita vendedora automática». En su comprensión de Dios nunca superan el mito de Santa Claus.

A Dios le encanta responder nuestras oraciones. Él nos dice: «Clama a mí, y yo te responderé...» (Jeremías 33.3). Aun nos promete: «Y antes que clamen, responderé yo; mientras aún hablan, yo habré oído» (Isaías 65.24).

Pero la oración no es una moneda que se inserta en una

maquinita ni tampoco la fe es un botón que se oprime. Dios no se somete a nuestros berrinches y caprichos. No importa cuánto haya orado Roberto por ese millón de dólares, ni cuán fervientemente haya creído. De ninguna forma hubiera encontrado ese millón bajo la cama a la mañana siguiente. No porque Dios no lo ame. No porque Dios no le conteste su oración. Ni siquiera porque no hubiera lugar bajo la cama. El millón de dólares nunca hubiera llegado porque Roberto no estaba orando; estaba deseando.

Contrario al mito de Santa Claus, Dios no es una maquinita celestial para conceder deseos y favores. Él trasciende más allá de nuestros deseos. Él es Dios todopoderoso, el amor hecho carne. Añora que sus hijos gocen del amor que Él les ha dado. Quiere que le amemos a Él, no a las cosas. Quiere que lo busquemos a Él y no que andemos buscando respuestas a oraciones egoístas. Quiere que lo obedezcamos, no porque nos vaya a dar un millón de dólares, sino porque le amamos y queremos agradarle.

Irónicamente, cuando avanzamos en el conocimiento que va más allá de la imagen del Dios de maquinita, Su palabra promete que podemos tener confianza «... en Dios; y cualquiera cosa que pidiéremos la recibiremos de Él, porque guardamos sus mandamientos, y hacemos las cosas que son agradables delante de Él» (1 Juan 3.21-22).

Ejercicio

Desarrolla tu capacidad para enfrentar el mito del Santa Claus con este ejercicio:

Cada uno de los siguientes versículos indica una condición para responder una oración que puede ser expresada en una palabra. Escribe esa palabra en la línea que está al lado.

2 Crónicas 7.14 _____

Jeremías 29.13 _____

Marcos 11.24_____

Santiago 5.16 _____

1 Juan 5.14 _____

Mitos acerca de Jesús

4
Jesús el profeta

El mito del buen maestro

—**D**iablos y superdiablos. ¡Orden! ¡Orden!... Se convoca a todos los ángeles caídos a una reunión que se celebrará en las cavernas subterráneas.

»El maligno convocó esta sesión para discutir y decidir estrategias que facilitarán que los humanos se alejen del Enemigo. Toscum tiene una sugerencia.

Un repugnante demonio se levantó de la primera fila y, dando media vuelta, se dirigió a la asamblea diabólica.

—Mis despreciables colegas —comenzó Toscum—, propongo que a través de todos los cultos, «ismos» y religiones organizadas expandamos la idea de que el Hijo del Enemigo era un buen «maestro».

—¿Estás loco, Toscum? —gritaron varios de la asamblea molestos ante la absurda sugerencia—. ¡Deberías ser devorado por la asamblea en este instante por sugerir un trato amistoso con el Hijo del Enemigo!

Varios demonios alrededor de Toscum se mojaron los labios con la lengua mostrando una hambrienta y ansiosa anticipación.

—No seas imbécil, no es un trato amistoso el que propongo —contestó Toscum y se enderezó orgullosamente—. Mi sugerencia es verdaderamente diabólica.

Otro demonio se levantó.

—¿Cómo puedes llamar diabólica a tan simple idea? Porque —contestó—, catalogarlo como «buen maestro» lo pondría al mismo nivel de Moisés, Zoroastro, Mahoma... sería como maldecirlo con una falsa alabanza.

Hubo un gran silencio en la multitud.

—Pero... ¿no se dan cuenta, cabezas de chorlitos? Si los humanos creen que Él es sólo un «buen maestro», Su Señorío y Su Divinidad disminuirían.

—No —respondió un demonio llamado Vomitel—. ¡No se

lo van a tragar! Él les enseñó muy claramente quién es en realidad.

—Vomitel está en lo cierto —dijo otro—. Los humanos tienen el Libro y saben que Él dijo de Sí mismo: «Antes de que Abraham fuera Yo soy». Han leído Su palabra acerca de la Gloria que comparte con el Padre desde antes de la fundación del mundo.

—Si serás tonto —añadió Vomitel—, ellos saben que Él tiene el poder de leer la mente y el corazón del hombre y de perdonar los pecados. Tienen Su palabra: «Yo he venido de los cielos». Saben que Él tiene el poder para levantarse de los muertos y que hubo testigos que confirmaron Su resurrección. No son tan tontos como para creer que un hombre común y corriente, un «buen maestro» podría hacer esas cosas.

—Y ellos reconocerían —afirmó Vomitel con firmeza—, que si esas cosas que Él afirma de sí mismo no fueran verdaderas, entonces no sería un «buen maestro»... ¡sino un mentiroso o un lunático!

Un murmullo se propagó por toda la habitación. Algunos demonios alrededor de Toscum se lamieron los labios viéndolo con ojos de hambre, pero aparentemente él estaba confiado.

—Debo recordarles, mis queridos camaradas, la tendencia humana que frecuentemente nos permite tener tanto éxito. Muchas veces los mortales escogen las mentiras aunque sepan la verdad. Como dijo el Hijo del Enemigo en una de sus historias: «Si no oyen a Moisés y a los profetas, tampoco se persuadirán aunque alguno se levantare de los muertos».

Toscum se sentó con una gran sonrisa en su cara. Los demonios hambrientos que le rodearon se voltearon con miradas de desacuerdo.

—La propuesta de Toscum cuenta con la aprobación del Consejo Demoníaco. La propagación de «El mito del buen maestro» es ahora una estrategia oficial del infierno.

Ejercicio

Desarrolla tu capacidad para enfrentar el mito del buen maestro con este ejercicio:

Con una raya, une las citas de la columna izquierda con las referencias de lo que Jesús afirmó acerca de Sí mismo en la columna derecha.

A. Mateo 5.17   «... Tengo poder para ponerla [mi vida], y tengo poder para volverla a tomar...»

B. Mateo 12.8   «... os lo he dicho todo antes».

C. Mateo 24.30   «... el que guarda mi palabra, nunca verá la muerte».

D. Marcos 2.10   «... verán al Hijo del Hombre viniendo sobre las nubes del cielo, con poder y gran gloria».

E. Marcos 13.23   «... porque el Hijo del Hombre es Señor del día de reposo».

F. Lucas 12.9   «... YO soy [el Mesías]...»

G. Lucas 22.70   «... el Hijo... da vida».

H. Juan 4.25-26   «... mas el que me negare delante de los hombres, será negado delante de los ángeles de Dios».

I. Juan 5.21   «Yo soy la resurrección y la vida; el que cree en mí... vivirá».

J. Juan 8.51   «... el Hijo del Hombre tiene potestad... para perdonar pecados...»

K. Juan 10.18   «... no he venido para abrogar [la Ley], sino para cumplir».

L. Juan 11.25   «... Vosotros decís que lo soy [el Hijo de Dios]».

5
Jesús a medias

El mito del superestrella

La ópera rock *Jesucristo Superestrella* de Andrew Lloyd Weber se estrenó a principio de los 70 con opiniones diversas que la catalogaban desde inspiracional hasta blasfema. En la obra, María Magdalena canta una canción acerca de Jesús llamada «No sé cómo amarlo», que se convirtió en un éxito radial.

Además de presentar la atracción romántica de María Magdalena hacia Jesús (que no tiene bases en la Escritura), la letra de la canción refuerza un mito popular acerca de Cristo. María canta: «Él es hombre/Él es sólo un hombre».

Eso es un mito.

Jesús es un hombre. Nació como un humano, en un establo entre el ganado. La pestilencia característica de ese lugar fue uno de los primeros olores en darle la bienvenida a su sentido del olfato.

Pero contrario al mito del superestrella, eso no es todo lo que Él es. La Biblia describe claramente la naturaleza dual de Jesucristo: «... el cual, siendo en forma de Dios, no estimó el ser igual a Dios como cosa a que aferrarse, sino que se despojó a sí mismo, tomando forma de siervo, hecho semejante a los hombres» (Filipenses 2.6-7).

Por siglos, el hombre ha luchado por tratar de entender la dualidad de la naturaleza de Jesús. Algunas veces los cristianos (y los no cristianos como el talentoso Andrew Lloyd Weber) han enfatizado la humanidad de Jesús al punto de querer oscurecer su divinidad. Otros han cometido el mismo error, pero hacia el lado contrario. Como resultado, muchas personas entienden a Jesucristo a medias. Pero la enseñanza de la palabra de Dios es muy clara. Él es «Dios con nosotros» (Mateo 1.23); a pesar de que también es, en todo aspecto, «Jesucristo hombre» (1 Timoteo 2.5).

El cuento clásico *Las mil y una noches* nos narra que el califa de Bagdad acostumbraba a caminar en las calles de la ciudad disfrazado de peón para descubrir, de primera mano, cómo vivía la gente. Pero Jesús hizo infinitamente más que el califa. No sacrificó su realeza temporalmente; sino que se envolvió en los mantos de humanidad alrededor de Su divinidad: «Porque bajó a la tierra del cielo aquel que es Dios y Señor de todo».

Juan, el discípulo de Jesús que anduvo con Él, compartió Su pan y escribió esto de Aquel que conoció como hombre:

> En el principio era el Verbo [Jesús], y el Verbo era con Dios, y el Verbo era Dios.
> *Juan 1.1*

Y en el famoso prólogo a su Evangelio, Juan no deja duda en cuanto a quién se refiere como «el Verbo»:

> Y aquel Verbo fue hecho carne, y habitó entre nosotros (y vimos su gloria, gloria como del unigénito del Padre), lleno de gracia y de verdad.
> *Juan 1.14*

Ejercicio

Desarrolla tu capacidad para enfrentar el mito del superestrella con este ejercicio:

Jesús y sus discípulos eran judíos con grandes convicciones acerca de cuál era el objeto apropiado de la adoración del hombre. Lee las siguientes porciones de la Escritura y, en el espacio indicado, escribe quién es el único objeto de adoración de acuerdo a estos versículos:

Éxodo 20.3 _____

_____

Deuteronomio 6.14-15 _____

_____

Lucas 4.8 _____

_____

Ahora lee los siguientes versículos e indica quién, conforme a estos versículos de la Escritura, es el objeto de adoración.

Mateo 2.2,11 _____

_____

Mateo 28.17 _____

_____

Hebreos 1.6 _____

_____

La Escritura es muy clara en que sólo debemos adorar a Dios; entonces, basándonos en los versículos anteriores: ¿Cuál es tu conclusión acerca de Jesús?

6
Jesús el bonachón

El mito del que no mata
ni una mosca

Tú estás totalmente equivocado si crees que Jesucristo era un debilucho, hablaquedito o de mano suave, como algunos de nuestros artistas lo han representado.

Sin lugar a dudas era un poeta que hablaba precioso acerca de las aves del cielo y los lirios del campo. Es cierto que era un narrador popular de historias, que sacaba enseñanzas de mujeres horneando el pan y de pescadores acarreando redes. También es verdad que era un apacible nazareno que sentaba a los niños en sus piernas y los hacía reír. Sí, es cierto, fue un prisionero silencioso que estuvo en perfecta calma ante reyes y sufrió insultos y atropellos sin decir una sola palabra. Pero a pesar de todo esto Jesús era un hombre. Un carpintero con manos callosas. Un hombre acostumbrado a pasar largos períodos en el desierto. Un hombre que valientemente habló en contra de las autoridades corruptas llamándolos «sepulcros blanqueados», «guías de ciegos» y «serpientes».

La percepción común que se tiene de un Jesús sentimental, suave y afeminado es un mito. Él era cordial y humilde. Pero esa cordialidad y humildad no significan la ausencia de fuerza, sino una fuerza controlada.

De acuerdo a los Evangelios, Jesús entró al templo en Jerusalén (quizá en más de una ocasión), para sacar a un gran grupo de comerciantes y cambistas deshonestos. Ni siquiera uno se atrevió a protestar o a contestar con indignación justa. Aún más, a pesar de que había hecho algo por lo que pudo haber sido severamente castigado, Jesús se quedó ahí, no sólo para enseñar en las escaleras del templo sino, como Marcos relata, para prevenir que los cambistas regresaran. Jesús no trataba livianamente el mal, ni reaccionaba amablemente ante la hipocresía. No sonreía serena o débilmente.

Por supuesto que Jesús era un hombre que se sentaba

cómodamente con niños en sus piernas, pero también era un hombre que se paraba inconmovible ante la presencia de sus enemigos.

Ejercicio

Desarrolla tu poder para enfrentar el mito del Jesús que no mata ni una mosca con este ejercicio:

Lee Lucas 13.31-33. ¿Cómo responde Jesús a los que le amenazan con su vida? ¿Qué palabra utiliza para referirse a Herodes? ¿Revela este insidente algo acerca de la fuerza del carácter de Jesús?

Lee Mateo 23.1-39. Nota la fuerza y severidad de las palabras de Jesús ante los fariseos y maestros de la Ley. Nombra los epítetos que utiliza para describirlos.

Versículo 13 _____

Versículo 16 _____

Versículo 17 _____

Versículo 19 _____

Versículo 33 _____

7
Jesús sobre las nubes

El mito de Jesús sentado
en sus laureles

«**M**ira», dijo Dan mientras movía la cabeza, «no me vengas a decir que uno que vivió hace 2000 años y que se pasaba la mayor parte del tiempo paseando, sentado en sus laureles, vestido de bata blanca y contando historias, va a cambiar mi vida hoy». Luego puso el brazo sobre su hombro indicándole la salida.

«Ahora no tengo tiempo», continuó. «Yo creo que esta "onda" de Jesús está bien para las mujeres y los niños que les gusten las historias y hasta quizá obtengan algún provecho de ellas... Pero, ¿para mí? No lo creo. Jesús no tiene nada que ver con una persona que anda con el tiempo contado y tan agitado como yo».

La manera de pensar de Dan es un ejemplo de cómo mucha gente ve a Jesús. Lo ven como el típico «santito» sonriente con una aureola, pegado sobre el tablero de un automóvil. «Buena onda Jesús», dicen, «para gente que vive en las nubes. Pero realmente no tiene nada compatible con los que estudian física en la secundaria, trabajan en las fábricas o necesitan aros para arreglar los dientes».

Eso es un mito.

Ahora bien, es cierto que los fundadores de religiones no cristianas, como el budismo y el confucianismo, fueron hombres que se pasaban la vida en la meditación y la contemplación.

Pero Jesús era un hombre trabajador, era un carpintero. Me lo imagino en su taller, en una de las calles de Nazaret, con un letrero que dice: «Carpintería de Jesús y José». Me lo imagino con un delantal de cuero, corriéndole sudor por su frente y agachado trabajando en un pedazo de cedro con una navaja y un mazo. El taller huele a cedro, ciprés y pino debido a los trabajos que se realizan.

Jesús de Nazaret trabajó como carpintero durante 18 años

o más. Le salieron callos en las manos y desarrolló sus músculos. Estaba al tanto de todo lo que el negocio requería: desde planear y proyectar, hasta preparar cotizaciones y surtir pedidos.

Conocía las responsabilidades familiares. Jesús tenía hermanos y hermanas más jóvenes que Él, quienes, después de la muerte de su padre José, se convirtieron en su responsabilidad. Sin lugar a dudas sabía que para mantener a los niños vestidos había que salir y trabajar duro con otros mercaderes en la plaza.

Jesús de Nazaret no vivió en una nube. Su mundo, como el nuestro, era a veces duro, difícil y hasta apestoso. Se ensuciaba las manos y a veces dormía en el suelo. Cuando su vida terminó, sufrió una muerte llena de suciedad, sudor y sangre. La gran diferencia entre la vida de Jesús y la tuya, es quizás que Su vida y muerte trajeron perdón y salvación para cualquiera que cree en Él (Juan 3.16).

Ejercicio

Desarrolla tu capacidad para enfrentar el mito de Jesús sentado en sus laureles con este ejercicio:

Lee Marcos 6.1-6. ¿Cómo conocían a Jesús en su pueblo natal de Nazaret?

☐ Como un ascético

☐ Como un observador

☐ Como un monje santo

☐ Como un hombre trabajador

Nota también en este pasaje (que es paralelo a Mateo 13.53-58) la referencia de los hermanos y hermanas de Jesús. ¿Por qué todos debían ser más jóvenes que Jesús? ¿Hay alguna otra evidencia en estos versículos de que los hermanos de Jesús eran más jóvenes y que vivían en la casa de Nazaret?

8
Jesús color de rosa

El mito del racista

Muchos norteamericanos y europeos se imaginan a Jesús de Nazaret como a Charlton Heston o Willem Defoe. Con el cabello y los ojos castaños y muy bien parecido.

Ah, sí, y también blanco. Caucásico. Bronceado, tal vez, pero definitivamente blanco. Blanco como los que te puedes encontrar en California, Minneapolis o Peoria, Illinois.

Pero eso es un mito.

Mucha gente y movimientos se han combinado para perpetuar este mito. El Ku Klux Klan predica la supremacía de los protestantes blancos sobre los negros, judíos y otros. Algunos se imaginan que Jesús está de su parte porque también era blanco.

En los días del movimiento nazi de Hitler, la muerte de Jesús se usó para incitar a las masas en contra de los judíos. El «evangelio» nazi exponía la supremacía blanca y por supuesto, pretendían que Jesús estaba de su parte. Después de todo, era «blanco», ¿no?

Las Cruzadas, la Inquisición, el despojo y asesinato de los judíos en la Rusia zarista, la importación de esclavos al Nuevo Mundo, etc. El mito racista ha contribuido a muchos de los crímenes más crueles y espantosos de la historia.

El mito del racismo persiste hasta hoy en día. La gente aún caracteriza a Jesús como un Salvador anglosajón. Lo pintan en tonos rosa y durazno. Le atribuyen la complexión, clase y costumbres de su imaginación euroamericana. Pero Jesús ni era blanco ni de clase media.

Lo más probable es que Jesús fuera de piel mucho más oscura que la del europeo o norteamericano promedio. Nació como judío, vivió como judío y permaneció como judío a través de toda su vida. Su herencia morena del Oriente medio era probablemente acentuada cuando se paraba al lado de Pilato, un romano de piel clara.

Pero Jesús entró al estado de humanidad en un lugar y tiempo específicos y con características raciales específicas (mucho menos norteamericana de lo que Hollywood ha presentado). En un sentido más amplio, Jesús trasciende las barreras de raza y color.

Él era judío. Sin embargo, hablaba respetuosa y libremente a la mujer samaritana.

Las costumbres judías prohibían a Jesús entrar en la casa de un gentil. No obstante, cuando un centurión romano le suplicó que fuera a su casa para ver a uno de sus siervos que estaba enfermo, Jesús respondió: «Yo iré y le sanaré».

Cuando una mujer cananita lo siguió (los cananitas eran enemigos históricos del pueblo judío), Jesús alabó su fe y sanó a su hija.

Jesucristo también fue víctima de prejuicio racial. En un viaje a través de Samaria, lo rechazaron porque los samaritanos creyeron que era un judío enviado por Jerusalén.

La sociedad, a la que Jesús vino cuando se convirtió en hombre, hacía una distinción primaria entre individuos. Los privilegios, derechos y status de la gente se determinaban por la raza (judío o gentil), clase (esclavo o libre) y sexo (hombre o mujer). Las buenas noticias que Jesús trajo hablaban de un alejamiento radical del pasado. Pablo lo expresa elocuentemente cuando escribe: «... pues todos sois hijos de Dios por la fe en Cristo Jesús; porque todos los que habéis sido bautizados en Cristo, de Cristo estáis revestidos. Ya no hay judío ni griego; no hay esclavo ni libre; no hay varón ni mujer; porque todos vosotros sois uno en Cristo Jesús» (Gálatas 3.26-28).

Los seguidores de Jesús deben ser como Él, no en características raciales o de pigmentación, sino aceptando y amando a los demás no importa sexo, clase o distinciones raciales a que pertenezcan.

Algunos niños lo ven blanco,
Al Bebé Jesús nacido esta noche.
Algunos niños lo ven blanco,
Con su cabello suave y rubio.

Algunos niños lo ven bronceado y café,
El Señor del cielo que vino a la tierra.
Algunos niños lo ven bronceado y café,
Con cabello grueso y oscuro.

Algunos niños lo ven con ojos almendrados,
El Salvador ante el que nos arrodillamos.
Algunos niños lo ven con ojos almendrados,
Con la piel en tonos de amarillo.

Algunos niños lo ven tan oscuro como ellos,
Al dulce hijo de María a quien oramos.
Algunos niños lo ven tan oscuro como ellos,
Y ¡ah! ¡Ellos también lo aman!

Los niños en cada lugar diferente
Verán la cara del niño Jesús
Como la de ellos, pero brillando con gracia
    celestial,
Y llena de santa luz.

Haz a un lado toda cosa terrenal,
Y con tu corazón como ofrenda,
Ven a adorar al Infante nuevo Rey.
Este amor que ha nacido esta noche.

Some Children See Him [Algunos niños lo ven], letra por Wihla Huston,
música por Alfred Burt, TRO © Copyright 1954 (renovada) 1957 (renovada)
Hollis Music, Inc., New York, N.Y. Usado con permiso.

Ejercicio

Desarrolla tu capacidad para enfrentar el mito del racista con este ejercicio:

Los siguientes versículos se refieren a incidentes que se usaron en este capítulo. Lee cada pasaje. Escribe una frase que identifique lo que expresa el versículo y al lado de cada párrafo del capítulo anota el número de las referencias utilizadas a continuación.

1. Lucas 9.51-6 _____

_____

2. Juan 4.1-26 _____

_____

3. Gálatas 3.26-28 _____

_____

4. Mateo 8.5-13 _____

_____

5. Mateo 15.21-28 _____

_____

Mitos acerca de la Biblia

9
El más grande y único

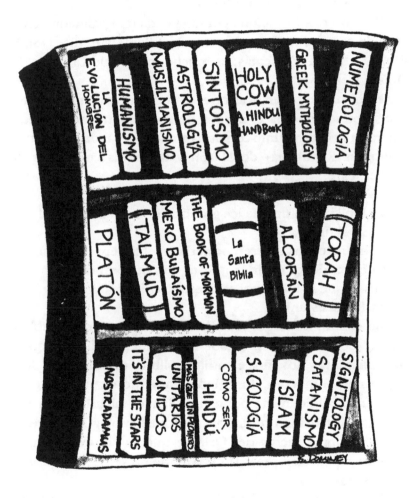

El mito de
«Es sólo otro gran libro»

Tú lo has escuchado y quizás más de una vez... En ese tono que la gente utiliza para hablarle a los enfermos mentales: «¡Ah! Pero, ¿tú lees la Biblia?»

En otras ocasiones, una persona te da una palmadita en la espalda como si fueras un perrito obediente y te dice: «Sí, la Biblia es buena. Y además, es mucho mejor que La Ilíada, La Odisea y esas ondas».

Y por supuesto, en ocasiones te encuentras con el maestro o el profesor que hace alardes de tener una versión Reina-Valera en su librero junto con otras grandes obras de la literatura como «La República» de Platón y las obras completas de Shakespeare.

Eso es un mito.

La Biblia no es uno de los grandes libros, la Biblia es el más grande y el único.

Si tus maestros quieren ponerla en el librero junto a otros de su clase, debes decirles que necesitan comprar un nuevo librero. Y que la Biblia necesita estar arriba y solita.

La Biblia es única.

En el libro *All About the Bible* [Todo acerca de la Biblia], Sidney Collett cita al profesor M. Montiero-Williams, quien pasó cuarenta y dos años estudiando libros orientales. Él dice: «Apílenlos, si quieren, en el lado izquierdo de su escritorio; pero en el lado derecho pongan su Santa Biblia solita... Y con una gran distancia entre ambos... porque hay un golfo entre los llamados libros sacros del Oriente que se separan completamente y para siempre... Un golfo que no se puede unir con un puente».

La Biblia es un milagro de logro literario. Algunos libros toman toda una vida para escribirse; la Biblia se escribió en un período de aproximadamente 1.600 años. Algunos libros requieren la colaboración de un equipo de gente preparada o educada en la materia. La Biblia es el trabajo de más de 40 autores de diferentes formas y estilos de vida, incluyendo reyes, campesinos, filósofos, pescadores, poetas, eruditos y gente muy preparada. Porciones de la Biblia fueron escritas en el desierto, en calabozos, en palacios, durante el exilio, en tiempos de guerra y en tiempos de paz.

La Biblia se escribió en tres continentes, en tres idiomas y abarca cientos de tópicos controversiales. Contiene poesía inspirada, así como historia detallada, biografías cautivantes, escritos en cartas, memorias y escritos proféticos. Y a pesar de su diversidad, este libro habla con una continuidad sorprendente. Hay una historia que se desarrolla desde la página número uno hasta el final: «Dios redime al hombre».

Un representante de «Los grandes libros del mundo occidental» vino a mi casa un día reclutando vendedores para esa serie.

Se pasó 5 minutos hablándome acerca de series de grandes libros. Después yo pasé 90 minutos hablándole acerca del más grande de todos los libros.

Lo reté a que tomara 10 de los autores de la serie de «Grandes libros», todos de un mismo estilo de vida, una generación, un lugar, un tiempo, un temperamento, un continente, un idioma y que escogiera un tema controversial.

—¿Estarían de acuerdo todos estos autores? —le pregunté.

El hombre se quedó en silencio por un momento y contestó:

—No.

—¿Cual sería el resultado? —pregunté.

—¡Una conglomeración! —respondió inmediatamente.

Dos días después el hombre entregó su vida a Cristo porque reconoció la autenticidad y singularidad de la Biblia y de su mensaje.

Ejercicio

Desarrolla tu capacidad para enfrentar el mito de «Es sólo otro gran libro» a través de la lectura de las referencias citadas al final, en las que la Biblia se compara a sí misma con otros objetos que son de gran influencia. Lee cada pasaje cuidadosamente. Después, haz una lista de lo que la Biblia compara, considera por qué y en qué forma la Biblia es como ese objeto. También piensa si existe otro libro del cual se digan cosas como las que acabas de ver.

Jeremías 5.14
Jeremías 23.29
Romanos 1.16
Efesios 6.17
Hebreos 4.12

10
La Biblia y el
queso suizo

El mito de la Biblia
con agujeros

Mucha gente, ya sea que se dé cuenta o no, piensa en la Biblia como un queso suizo: con muchas cosas buenas, pero también con muchos agujeros.

«Oh, la Biblia es una gran ayuda y de mucha inspiración», dicen. «A mí me encantan los Salmos. El Salmo 23 es taaaaaan hermoso».

Pero si uno los presiona lo suficiente admitirán: «Por supuesto que hay problemas en la Biblia, tú sabes, quiero decir errores y todo lo demás. Pero eso no me molesta. Después de todo, no fue escrita como un libro de texto para la clase de historia. Por ejemplo, en las cosas de fe y doctrina es exacta, y precisa en lo que debe ser».

Eso es un mito.

Muy a menudo, la gente que dice semejantes cosas sólo tiene ideas vagas de los «errores» a los que se refiere. La Biblia no está llena de agujeros, ni tampoco de errores. Es palabra de Dios inspirada, sorprendentemente escrita en un período de casi 1.600 años por aproximadamente 40 autores diferentes. Ha sido sorprendentemente preservada de los manuscritos originales a través del trabajo de gente muy preparada y escribas o copistas esmerados. El Antiguo y Nuevo Testamentos son los documentos del mundo antiguo mejor preservados y de mayor autenticidad.

Los seguidores de Jesús no podían ignorar el hecho de que el Señor mismo creía en la exactitud de las Escrituras. Él dijo: «Y la Escritura no puede ser quebrantada» (Juan 10.35). Relató la experiencia de Jonás como un hecho. Citó las Escrituras en Su batalla en el desierto con Satanás. Continuamente se refería a las Escrituras en Sus enseñanzas. Se refería a la enseñanza, los detalles históricos y los sucesos del Antiguo Testamento como precisos y verídicos.

De igual manera, los escritores del Nuevo Testamento confirman la confiabilidad de toda la Escritura. El apóstol Pablo ratifica: «Toda la Escritura es inspirada por Dios, y útil para enseñar, para redargüir, para corregir, para instruir en justicia» (2 Timoteo 3.16). Y él, junto con otros apóstoles, afirmó la inspiración de los escritos del Nuevo Testamento con declaraciones como: «... lo que os escribo son mandamientos del Señor» (1 Corintios 14.37).

Es cierto que en la Biblia hay diferentes perspectivas de un mismo hecho, énfasis diferentes al narrar un incidente y otras aparentes discrepancias. Hubo dificultades para traducir los textos originales del griego o del hebreo. Hubo muchísimas malinterpretaciones de los pasajes bíblicos. Sin embargo, cuando los cristianos del siglo XX abren la Biblia, están leyendo la Palabra de Dios inspirada, preservada y confiable. «Sécase la hierba, marchítase la flor; mas la palabra del Dios nuestro permanece para siempre» (Isaías 40.8).

Ejercicio

Desarrolla tu capacidad para enfrentar el mito de la Biblia con agujeros con este ejercicio:

Lee Mateo 4.1-11. Jesús responde ante cada tentación del diablo con un pasaje de la Escritura. Usando una concordancia o una referencia bíblica, determina los pasajes a los que hace referencia y después escríbelas:

versículo 4 _____

versículo 7 _____

versículo 10 _____

Lee lo siguiente:

Mateo 12.38-41. En estos versículos Jesús se refiere a la experiencia del profeta que aparece en el libro de Jonás.

Marcos 2.23-26. Aquí Jesús se refiere a un incidente que se
   encuentra en 1 Samuel 21.6-7.

Juan 3.14-15. En este pasaje Jesús hace mención a un hecho
   que se detalla en Números 21.

   Ahora evalúa: ¿Expresa Jesús alguna duda o incertidumbre
acerca de la veracidad de esta gente, eventos y acontecimientos
o parece aceptarlos sin la menor duda?
   ¿Te guía esto en algo?

11
La Biblia
y el juego del teléfono
descompuesto

El mito de las
variaciones textuales

E l juego del teléfono descompuesto no sólo ha sido muy popular durante muchos años, sino que también se utiliza para ilustrar el valor de la exactitud en la comunicación.

Para jugar, un grupo de personas se sienta en círculo. Una persona dice en secreto un breve mensaje a la persona que tiene al lado. Esa persona repite la frase a la que le sigue y así sucesivamente hasta que el mensaje se pasa alrededor de todo el círculo.

Las palabras que llegan a la persona que comenzó el mensaje son totalmente diferentes y a veces hasta muy cómicas. Un mensaje que comenzó como «si no utilizas tus músculos se te van a entumecer» puede terminar como «si no olvidas tus máscaras se van a arrepentir».

Mucha gente cree que en el caso de la Biblia sucedió algo como el juego del teléfono descompuesto, es decir, que lo que tienes entre las dos tapas de la cubierta (con tu nombre impreso en letras doradas al frente) está muy lejos de ser lo que se escribió hace miles de años y por consecuencia no podemos creer todo lo que leemos.

Eso es un mito.

Primero que todo, el Antiguo Testamento se copió con tal precisión que, luego que un papiro se copiaba completamente a mano, letra por letra, se destruía si se llegaba a encontrar un error.

Además, los escribas judíos de las Escrituras hebreas tenían ciertos requisitos al copiar:

- cada copia se tenía que hacer en una superficie para escribir nueva y tenía que prepararse de una manera específica;

- cada copia se tenía que escribir en un cierto número de

columnas de 30 letras de ancho con un cierto número de
líneas en cada columna;

- cada copia tenía que escribirse en un color determinado y
con una tinta específica;

- cada copia se tenía que autentificar con el original;

- ni siquiera la más mínima letra se podía escribir de
memoria, ya que al copiarse y voltear del original a la
copia se podía perder una letra, por lo que cada letra se
copiaba individualmente del manuscrito original;

- ninguna letra podía tocar ni encimarse con otra. La
distancia entre cada letra era medida con un cabello o
hilo;

- cada letra de cada página y libro era contada y comparada
con los originales. Se contaba y registraba el número de
veces que una letra aparecía en cada libro y se comparaba
con el original. Se contaban las letras del Pentateuco (los
primero cinco libros del Antiguo Testamento) y la letra de
en medio de la Biblia Hebrea completa se contaba e
indicaba en el texto. Si alguno de estos cálculos era
incorrecto la copia se desechaba.

Y eso es sólo en lo que se refiere al Antiguo Testamento. El
Nuevo Testamento es sin lugar a dudas el documento del mundo
antiguo más confiable.

Cuando estudias a Platón en la escuela, ¿acaso tu maestro
expresa su escepticismo en cuanto a la confiabilidad de «La
República»?

¿Acaso tu maestro de Historia Universal cuando te hace leer
en voz alta los poemas de Julio César en las guerras gálicas te
dice que lo que estás leyendo no es muy confiable?

O, ¿acaso tus maestros menosprecian los escritos griegos
del historiador Tucídides o del filósofo Aristóteles o las historias
de Sófocles y Eurípides debido a que no son dignas de una

consideración seria por sus problemas y variaciones textuales? Probablemente no. Sin embargo, mucha gente piensa que la Biblia no es un documento confiable cuando de hecho ninguna de estas otras obras se aproximan a la confiabilidad del texto del Nuevo Testamento.

Hay dos factores que son muy importantes al determinar la confiabilidad de un documento histórico: el número de copias existentes del manuscrito, y el tiempo desde que fue escrito y la copia existente más antigua .

Cuando comparas el Nuevo Testamento con otros escritos antiguos, su confiabilidad es inmediatamente obvia.

Autor	Escrito	Copia más antigua	Período de tiempo	No. de copias
César	100-44 a.C.	d.C. 900	1.000 años	10
Platón (Trilogías)	427-347 a.C.	d.C. 900	1.200 años	7
Tucídides	460-400 a.C.	d.C. 900	1.300 años	8
Sófocles	496-406 a.C.	d.C. 1.000	1.400 años	100
Catulu	54 a.C.	d.C. 1.550	1.600 años	3
Eurípides	480-406 a.C.	d.C. 1.100	1.500 años	9
Aristóteles	384-322 a.C.	d.C. 1.100	1.400 años	5

Compara el Nuevo Testamento con aquellos escritores antiguos:

Documento	Escrito	Copia más antigua	Período de tiempo	No. de copias
Nuevo Testamento	d.C.40-100	d.C. 125	25 años	24.000+

Ningún otro documento antiguo ni siquiera se acerca a la confiabilidad del Nuevo Testamento. El segundo lugar de confiabilidad es sin duda *La Ilíada* de Homero con 643 copias del manuscrito y 500 años desde que fue escrita y la copia existente más antigua.

¿Es confiable la Biblia? Comparada con cualquier otra obra antigua, se puede decir que la Biblia «lleva todas las de ganar».

Ejercicio

Desarrolla tu capacidad para enfrentar el mito de las variaciones textuales con este ejercicio:

Llena el espacio en blanco de los versículos siguientes:

«Para siempre, oh Jehová,_____tu palabra en los cielos».
(Salmo 119.89)

«Hace ya mucho que he entendido tus testimonios, _____los has establecido».
(Salmo 119.152)

« _____la hierba _____ la flor; mas la palabra del Dios nuestro _____

_____».
(Isaías 40.8)

«Porque de cierto os digo que hasta que pasen el cielo y la tierra, ni una _____ ni una _____ pasará de la ley, hasta que todo se haya cumplido». (Mateo 5.18)

¿Acaso se aplican al mito de las variaciones textuales algunos de los versículos citados anteriormente? ¿Si es así, en qué manera?

12
Hechos por ficción

El mito de los mitos y leyendas

Anita se enfrentó a todo tipo de reacciones cuando propuso que la Biblia se incluyera en la lista de lectura de Literatura Universal.

«¡Estás bromeando!», dijo alguien. «¿La Biblia?»

Otro contestó: «¡No me digas que crees en el cuento de Jonás y la ballena y en la onda de caminar sobre el agua! ¡Vamos, sé realista!»

«Seamos objetivos», respondió otro. «La Biblia tiene su lugar dentro de la religión, pero es ahí donde debe estar. Estoy de acuerdo en que contiene mitos y leyendas fascinantes, pero no me pidas que los tome en serio».

En los últimos años, mucha gente ha llegado a pensar de esta manera. Aun algunos estudiosos de la Biblia han decidido que la Biblia es mejor si se entiende como una recopilación de folklore religioso y leyendas. En otras palabras, están tratando de cambiar los hechos por ficción.

Tenemos que admitir que la Biblia relata historias muy extraordinarias. Algunas suenan más como titulares de los anuncios del supermercado que como hechos históricos:

Hombre camina sobre el agua.

Con el almuerzo de un niño se alimenta a miles de personas.

Cinco pasos fáciles para convertir el agua en vino.

Maestro galileo resucita después de tres días de muerto.

No importa qué tan increíble suenen algunas historias bíblicas, la gente que escribió estas cosas pretendió que sus relatos fueran entendidos no como mitos o leyendas, sino como hechos.

No sólo eso, sino que los escritores del Nuevo Testamento sabían que relatar sucesos tan extraordinarios les podía costar la vida.

¿Cuántas personas conoces que de todo corazón irían a la cárcel o hasta se dejaran ejecutar simplemente por no negar una leyenda?

Además, algunos escritores del Nuevo Testamento sabían que narrar historias acerca de un maestro resucitándose a sí mismo de la muerte, o que cinco mil personas se alimentaron con dos pescados y cinco panes podía terminar con un pase directo al hospital siquiátrico, a menos que hubiera otros testigos.

Es por eso que el apóstol Pablo, por ejemplo, proclamó la verdad del evangelio ante un rey llamado Agripa y un gobernador llamado Festo. Cuando Pablo habló de la resurrección de Cristo, la Biblia dice:

> Diciendo él estas cosas en su defensa, Festo a gran voz dijo: Estás loco, Pablo; las muchas letras te vuelven loco. Mas él dijo: No estoy loco, excelentísimo Festo, sino que hablo palabras de verdad y de cordura. Pues el rey sabe estas cosas, delante de quien también hablo con toda confianza. Porque no pienso que ignora nada de esto; pues no se ha hecho esto en algún rincón.
>
> *Hechos 26.24-26*

Contrario a los mitos, leyendas y religiones misteriosas del mundo antiguo, los sucesos narrados en la Biblia no fueron hechos «en algún rincón». Muchísima gente los vio mientras sucedían. Gente confiable testificó por escrito la autenticidad de dichos acontecimientos y firmó su testimonio con sangre. Estos escritos, lejos de ser efectivamente refutados y desacreditados, pasaron la prueba y fueron reconocidos como autoritativos.

Pedro mismo respondió acerca de los mitos y leyendas cuando escribió: «Porque no os hemos dado a conocer el poder y la venida de nuestro Señor Jesucristo siguiendo fábulas artificiosas, sino como habiendo visto con nuestros propios ojos su majestad» (2 Pedro 1.16).

Ejercicio

Desarrolla tu capacidad para enfrentar la explicación del mito de los mitos y leyendas con este ejercicio:

Lee Lucas 1.1-3. ¿Quién escribió estas palabras? ¿Quién le dijo al autor «las cosas que entre nosotros han sido ciertísimas?» ¿Qué hizo el autor antes de escribir esto para Teófilo?

Lee 1 Juan 1.3. ¿Quién escribe estas palabras? ¿Proclama él ser un testigo? ¿Cuál es su propósito en relatar lo que vio y escuchó?

Lee Hechos 2.22. ¿Quién dice estas palabras? ¿A quién fueron dichas? ¿Cuál es el significado de las palabras «como vosotros mismos sabéis»?

Lee Juan 19.35 ¿Quién es el escritor? ¿Fue testigo de las cosas que escribe? ¿Lo que escribe lo afirma como hecho o ficción? Nota que también escribe: «para que vosotros también creáis». Toma un momento para orar y reflexionar en los testigos que escribieron el Nuevo Testamento y determina si el propósito de Juan se ha logrado en ti.

13
El Dr. Lucas
y el caso del politarca
desaparecido

El mito arqueológico

El hombre musculoso subió las escaleras al despacho 221-B en la calle Baker y fue escoltado a la presencia del gran detective.

—Ah, buenos días doctor —dijo el detective sentado en su silla—. Veo que no ha podido dormir bien durante las últimas noches.

—No, creo que no. Un momento... ¿cómo lo sabe? ¿Y cómo sabe que soy médico?

—Oh, elemental. También veo que es un gran escritor y que ha alcanzado reconocimientos. Pero eso no importa. Cuénteme acerca de su problema más reciente.

El visitante luchó por superar su confusión y finalmente comenzó la explicación.

—Soy el doctor Lucas —explicó—, autor de dos de los libros más vendidos que narran los acontecimientos de mis tiempos, el primer siglo cristiano.

El detective Sherlock Holmes escuchaba golpeando el escritorio con la yema de sus dedos.

—Últimamente mi reputación, inteligencia y carácter han sido cuestionados —dijo el doctor Lucas.

—Verá usted. En mi libro de Hechos, me refiero a la ciudad de Iconio como suburbio del distrito llamado Licaonia. Algunos arqueólogos, basados en otros escritos, concluyen que Iconio era una ciudad de Licaonia y por lo tanto dicen que mi libro no es confiable.

»No sólo eso, sino que en mi Evangelio hablo de un hombre llamado Lisanias, tetrarca de Abilinia, en el principio del ministerio de Juan el Bautista en el año 27 d.C. Una vez más me acusaron de hacer un mal trabajo porque los arqueólogos sólo conocían de la existencia de un Lisanias que murió 36 años a.C.

—Utilicé la palabra procónsul para referirme a Galión en

mi relato del ministerio de Pablo en Corinto, pero los «estudiosos» dijeron que no sabían de lo que hablaba, ya que la palabra procónsul nunca debió utilizarse para referirse a un hombre en la posición de Galión.

»Quizás lo que más me molesta de todo son las agresiones que he recibido de los llamados estudiosos, por usar la palabra griega politarca para referirme a los oficiales de la ciudad de Tesalónica, debido a que esa palabra no se encuentra en ninguna otra obra literaria clásica. Los arqueólogos y críticos dicen: «Lucas está mal; no puedes creer lo que escribe, na-na-na-na». Y hay muchos más puntos en los que han tratado de desacreditarme.

Cuando el doctor Lucas terminó su narración ya los ojos de Holmes estaban casi cerrados y su respiración era lenta. Finalmente abrió los ojos y se levantó con un aire de conclusión.

—Lo siento doctor, pero no puedo hacer nada por usted —le dijo.

El doctor se levantó y echó una mirada de pistola al detective.

—Doctor, ¿estoy en lo correcto al pensar, que hay cierta exactitud en la historia que escribió? —preguntó Holmes.

—¡Absolutamente! ¡Yo soy un historiador! —dijo el doctor Lucas en voz alta y levantándose de donde estaba sentado.

—Entonces debe esperar —le dijo, guiando al gran historiador a la puerta—. Ya llegará el día en que sus relatos serán reivindicados en cada uno de esos puntos. Hasta entonces, mi buen doctor, debe esperar con la confianza de que cuando llegue la reivindicación, usted habrá estado bien por todo este tiempo —le dijo, antes de cerrar la puerta.

Lógicamente este encuentro entre el historiador del siglo I y el detective imaginario nunca sucedió. Pero todo lo que dijo Lucas en el relato anterior es cierto: Él ha sido difamado en los últimos años. Pero si Holmes le hubiera dado tal consejo al doctor Lucas, hubiera estado en lo correcto en un ciento por ciento .

A pesar de que los estudiosos y arqueólogos han atacado a

Lucas por aseveraciones erróneas e inexactitud, él ha sido reivindicado continuamente por la arqueología.

Mucha gente cree que la ciencia moderna de la arqueología ha probado que la Biblia está equivocada. Sin embargo, la verdad es todo lo contrario. Por ejemplo, tomemos la primera queja de Lucas: En 1910, el arqueólogo Sir William Ramsay encontró un monumento que probó que Iconio era una ciudad Frigia. Más adelante, otros hallazgos confirmaron el relato de Lucas. Un descubrimiento arqueológico cerca de Damasco confirmó la existencia de «Lisanias el tetrarca» y está fechado entre los años 14 y 29 d.C. perfectamente coherente con lo registrado por Lucas.

La referencia que hace Lucas a Galión ha sido vindicada por una inscripción encontrada que dice: «Como Lucio Junio Galión, mi amigo, y procónsul de Acaya...»

El politarca perdido, que alguna vez fue considerado evidencia conclusiva de la poca confiabilidad de Lucas desaparece, ya que en años recientes más de una docena de inscripciones han sido desenterradas y se ha encontrado que en ellas se utiliza el título griego antiguo.

La idea de que la arqueología ha desacreditado a la Biblia no sólo está totalmente pasada de moda sino que es un mito. Como el arqueólogo William F. Albright dijo:

> Progresivamente se ha desacreditado el escepticismo excesivo que mostraron hacia la Biblia importantes escuelas históricas de los siglos XVIII y XIX y ciertas fases que aún periódicamente aparecen. Descubrimiento tras descubrimiento han establecido la precisión de innumerables detalles, y han traído un reconocimiento que incrementa el valor de la Biblia como fuente histórica.

En otras palabras, Sherlock estaba en lo cierto.

Ejercicio.

Desarrolla tu capacidad para enfrentar el mito arqueológico leyendo las siguientes porciones de la Escritura y llenando los espacios en blanco con los nombres de individuos cuya existencia e identidad la Biblia expuso desde hace muchos años y descubrimientos arqueológicos recientes lo han apoyado y confirmado:

Daniel 5.30.   Lo que una vez se creyó como un embarazoso error (ya que una inscripción encontrada hablaba de Nabónido como el último rey de Babilonia), investigaciones más adelante confirmaron la existencia de _____, hijo de Nabónido, quien gobernó como corregente con su padre.

Romanos 16.23.   Excavaciones en 1929 revelaron la existencia de un hombre llamado _____ y lo identificaron como el Director de Obras Públicas en Corinto.

Mateo 27.1-2.   En 1961 en una excavación en Cesarea, puerto del Mediterráneo, se encontró una inscripción de 2 x 3 pulgadas que se refería a _____.

14
¿Verdad o coincidencia?

El mito de la coincidencia

Natán entró corriendo a la cocina y casi hace caer a su mamá al suelo.

—¡Natán! —gritó.

—Lo siento mamá, pero tienes que ver este libro que me prestó Tomás —le contestó mientras ponía los libros de la escuela sobre la mesa del comedor y separaba uno de la pila—. Son muchas predicciones y cosas así escritas por un hombre llamado Nostardamos o algo así.

—¿Nostradamus?

—Sí, ese mismo, ¿has oído hablar de él?

—Mmmm...

—¡Qué bárbaro! Predijo muchísimas cosas antes de que sucedieran, por ejemplo Hitler, la Segunda Guerra Mundial y el asesinato de Kennedy. Tomás dice que incluso hay algo aquí de M.C. Hammer.

—¿Conque eso fue lo que te dijo?

Natán se detuvo por un momento y con una mirada sospechosa buscó el rostro de su madre.

—¿Qué pasa mamá? Tienes una mirada...

—Oh, no me pasa nada. Sólo me pregunto si leíste las profecías que escribió o fue que simplemente alguien te habló de ellas.

—Sí, bueno, Tomás me las enseñó.

—¿Y no te parecían un tanto vagas y ambiguas, como si las hubieran aplicado a un sinnúmero de situaciones o interpretaciones?

Natán pensó y entonces contestó:

—Mmmmm, creo que sí.

—¡Es increíble ver cómo la gente cree tanto en las dudosas profecías de Nostradamus e ignoran por completo las profecías tan claramente cumplidas de las Escrituras!

Natán escuchó muy atentamente mientras bajaba el libro de Nostradamus y luego preguntó:

—¿Como qué?

—¿Como qué? —Repitió extrañada de que Natán le hiciera esa pregunta—. Por ejemplo, Miqueas predijo el nacimiento de Jesús en Belén. Y Zacarías predijo que el Mesías entraría a Jerusalén no en un caballo de batalla, sino en un burro.

—Ah, sí, y también que sería traicionado, ¿no? —dijo Natán.

—Correcto. Que un amigo lo iba a traicionar por 30 piezas de plata, que sus manos y pies serían traspasados, que sus huesos no serían rotos, etc. Detalles, Natán, no generalizaciones vagas ni adivinanzas afortunadas, sino docenas de predicciones específicas que se hicieron realidad con un ciento por ciento de exactitud. Y esas sólo son las profecías mesiánicas. Lo mismo es cierto de las profecías acerca de ciudades y naciones a lo largo de la Biblia.

—Hace ver a Nostradamus como un tonto, ¿no? —concluyó Natán.

—Como tonto y charlatán —dijo su mamá con una gran sonrisa.

La mamá de Natán está en lo cierto. La profecía bíblica revela sin lugar a dudas el carácter único y la confiabilidad de las Escrituras hebreas y cristianas.

Aun el conocimiento casual de las profecías concernientes al Mesías deben convencer al más prejuiciado lector de la verdad bíblica.

Pero alguna gente imaginativa cree que el cumplimiento de las profecías bíblicas se deben a la coincidencia.

«Tú puedes encontrar algunas de esas profecías cumplidas en el presidente Kennedy o en Martin Luther King», han dicho algunos. Sí, pero ¿podrías encontrar las 48 profecías principales concernientes al Mesías cumplidas en un solo hombre? Para contestar con una sola palabra: «No».

Las probabilidades de que esto hubiera sucedido por coincidencia, dice Peter Stoner en *Science Speaks* [La ciencia habla], es de una en 10 a la potencia de 157, o el número 10 seguido por 157 ceros. No puedes imaginarte un número tan grande o una probabilidad tan pequeña.

La astronómica probabilidad de que esto sucediera hace claro que las profecías de la Biblia no son adivinanzas afortunadas. «... porque nunca la profecía fue traída por voluntad humana, sino que los santos hombres de Dios hablaron siendo inspirados por el Espíritu Santo», como dijo Pedro (2 Pedro 1.21).

Ejercicio

Desarrolla tu capacidad para enfrentar el mito de la coincidencia analizando cuántas de las siguientes profecías puedes asignar con precisión al profeta o al libro en el que se encuentran:

A. Génesis   C. Isaías   E. Miqueas

B. Salmos   D. Jeremías   F. Zacarías

Las preguntas son:

1. Jesús nacería de una virgen (Mateo 1.18-25).

2. De la tribu de Judá (Lucas 3.23,33).

3. Descendiente de Isaí (Lucas 3.32).

4. De la casa de David (Lucas 3.32).

5. Nacido en Belén (Mateo 2.1).

6. Precedido por un mensajero (Mateo 3.1-2).

7. Entró a Jerusalén en un asno (Lucas 19.35-37).

8. Traicionado por un amigo (Mateo 26.48-50).

9. Traicionado por 30 piezas de plata (Mateo 26.15).

10. Calló ante sus acusadores (Mateo 27.12).

11. Sus manos y pies perforados (Lucas 23.33; Juan 20.25).

12. Crucificado con ladrones (Mateo 27.38).

13. Intercedió por Sus perseguidores (Lucas 23.34).

14. Sus vestiduras fueron repartidas (Juan 19.23).

15. Echaron suertes sobre Sus vestiduras (Juan 19.24).

16. Le ofrecieron vinagre mezclado con hiel (Mateo 27.34).

17. Sus huesos no fueron rotos (Juan 19.33).

18. Su costado fue abierto con una lanza (Juan 19.34).

19. Fue enterrado con los ricos (Mateo 27.57-60).

20. Su resurrección (Hechos 2.31).

Respuestas:

1. C (Isaías 7.14)	*2. A (Génesis 49.10)*	*3. C (Isaías 11.1)*
4. D (Jeremías 23.5)	*5. E (Miqueas 5.2)*	*6. C (Isaías 40.3)*
7. F (Zacarías 9.9)	*8. B (Salmo 41.9)*	*9. F (Zacarías 11.12)*
10. C (Isaías 53.7)	*11. B (Salmo 22.16)*	*12. C (Isaías 53.12)*
13. C (Isaías 53.12)	*14. B (Salmo 22.18)*	*15. B (Salmo 22.18)*
16. B (Salmo 69.2)	*17. B (Salmo 34.20)*	*18. F (Zacarías 12.10)*
19. C (Isaías 53.9)	*20. B (Salmo 16.10)*	

Mitos acerca de la resurrección

15
¿Jugamos al muertito?

El mito del soponcio

D e joven me propuse refutar el cristianismo y probar que era solamente un cuento. Por supuesto, eso no sucedió, por la sencilla razón de que no pude explicar un hecho histórico: la resurrección de Jesucristo.

La resurrección es un punto central y básico del cristianismo. Como Michael Green escribió en su libro *Man Alive* [El hombre vivo]: «El cristianismo no coloca a la resurrección como uno de los múltiples dogmas o credos. Sin fe en la resurrección no habría cristianismo. La iglesia cristiana nunca hubiera comenzado y el movimiento cristiano se hubiera desvanecido en el aire. El cristianismo se sostiene o se derrumba con la verdad de la resurrección. Una vez que se desaprueba, se desecha el cristianismo».

Es por esto que tanta gente ha atacado a la resurrección y ha querido probar que fue falsa.

El doctor Hugh Schonfield en su libro *The Passover Plot* [La conspiración de la pascua] causó una controversia volcánica cuando apareció a mediados de la década del setenta. El libro de Schonfield causó tal alboroto porque discutía una vieja explicación de la resurrección de Jesucristo que llamaron la «Teoría del soponcio».

La «Teoría del soponcio» la popularizó un hombre llamado Venturini varios siglos atrás, y da por sentado que Jesús no murió en realidad, sino que se desmayó (o le dio un soponcio) por cansancio y pérdida de sangre. Todo el mundo pensó que estaba muerto, según esta teoría, pero más tarde recuperó el conocimiento y sus discípulos pensaron que había resucitado.

Schonfield añadió una inteligente variante a la «Teoría del soponcio», concluyendo que Jesús planeó su arresto, juicio y crucifixión, haciendo los arreglos para que fuera drogado en la cruz y entonces fingir estar muerto para recuperarse posteriormente de los latigazos, de la pérdida de sangre por la lanza en su costado y por los agujeros en sus manos y pies.

Pero la «Teoría del soponcio» es un mito.

Jesús fue sometido a azotes con un instrumento conocido como *flagrum*, el cual cortaba y rasgaba a la víctima en tiras. A veces los prisioneros no se podían ejecutar porque no sobrevivían a los azotes.

Después de tan intenso castigo Jesús fue sometido a una caminata hasta el lugar de su muerte. Sufrió tanto que no pudo concluir el viaje. Mateo y Lucas relatan que a Simón de Cirene lo obligaron a cargar la cruz después que Jesús se desmayó. Marcos dice en su libro: «Y le llevaron a un lugar llamado Gólgota...» (Marcos 15.22). Esto bien puede indicar que ni siquiera pudo caminar Él solo hasta allí.

Después de eso, Jesús experimentó una muerte que va más allá de cualquier descripción, aunque Frederick Farrar hace un intento para describirla:

> La muerte por crucifixión parece incluir todo lo que el dolor y la muerte pueden tener de horribles. Mareos, calambres, sed, hambre, falta de sueño, fiebre traumática, tétanos, vergüenza, continuidad del tormento, horror de anticipación, mortificación por heridas no atendidas, etc. Todo intensificado al punto en el que pueden ser soportadas, pero deteniéndose justamente antes que la persona pierda la conciencia.
>
> La postura no acostumbrada hace que cada movimiento sea muy doloroso; las venas desgarradas y los tendones deshechos palpitan con incesante angustia; las heridas, inflamadas por la exposición, gangrenan poco a poco; las arterias, especialmente en la cabeza y el estómago, se inflaman enviando descargas de sangre; y mientras gradualmente incrementa cada variedad de miseria, se le añade la angustia intolerable de la quemante y sofocante sed; todas estas complicaciones físicas causan una ansiedad interna que hacen a la persona ver a la muerte, en lugar de

un enemigo desconocido, como la liberación del tormento.

Después de esto y en las siguientes horas bajaron a Jesús de la cruz, sólo después de que un centurión romano (que seguramente sabía de la muerte cuando la veía) había certificado al gobernador romano que Jesús de Nazaret había muerto.

Imaginar que un hombre había sobrevivido tal experiencia y salió de ella para aparecer en Judea y Galilea a más de 500 personas como el conquistador de la muerte y el príncipe de la vida, definitivamente requiere de mucha voluntad para reescribir la historia e ignorar esta simple verdad: «... Que Cristo murió por nuestros pecados, conforme a las Escrituras; y que fue sepultado, y que resucitó al tercer día, conforme a las Escrituras» (1 Corintios 15.3-4).

Ejercicio

Desarrolla tu capacidad para enfrentar el mito del soponcio con este ejercicio:

Lee Juan 19.30-35. ¿Por qué los soldados no le rompieron las piernas a Jesús? ¿Cuántos soldados, por lo menos, sabían que Jesús estaba muerto? ¿Quién es el hombre mencionado en el versículo 35? ¿Qué da por sentado como verdadero y cierto?

Lee Marcos 15.42-27. ¿Cuántos testigos de la muerte de Jesús se mencionan en estos versículos?

Lee Mateo 27.62-66 ¿Estaba el sumo sacerdote convencido de la muerte de Jesús? Nota el versículo 3: ¿Tú crees que estando conscientes de la promesa de resurrección de Jesús hubieran permitido que lo bajaran de la cruz vivo?

¿Cuántos testigos de la muerte de Jesús, de los mencionados anteriormente, no eran simpatizantes de Él (sin contar a los amigos y seguidores)?

16
¿Estaban ciegas
o qué?

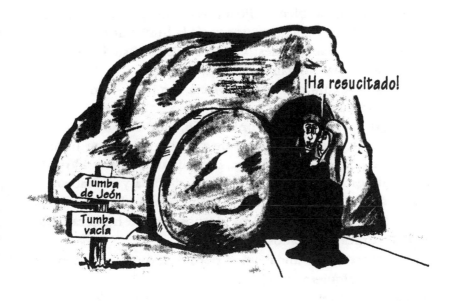

El mito de la tumba equivocada

—**D**éjame que te cuente, Eli, ¡fue la cosa más rara! Estábamos yo, la otra María... déjame ver... ah, sí, Salomé y... lo tengo en la punta de la lengua.

—Anda, sigue, ¿qué pasó? —dijo Elisabet.

—Bueno, ¿quién es la que lo está contando? Con calma. Pues fuimos a la tumba después que había salido el sol, todavía no era de día, ya sabes cómo se pone, que no es ni muy oscuro ni muy claro; que no es de noche pero que tampoco es de día...

Elisabet la miró con exasperación.

—Está bien, está bien —dijo María—. Bueno, como te estaba diciendo, fuimos y encontramos vacía la tumba donde justo la noche anterior habían puesto a Jesús. ¿Escuchaste lo que dije, Eli? ¡Estaba vacía! No había nada. Ni un alma.

—¿Estás segura que era la misma tumba? —dijo Elisabet mirando a su amiga.

—¿Que si estoy segura? Por favor Eli, ¿qué clase de pregunta es esa? ¿Que si estaba segura de que era la misma tumba? Tenme un poquito de confianza, ¿no? Ni que hubiera sido yo la única que estaba ahí... fuimos juntas, y María y yo habíamos estado ahí la noche anterior. Si hubiéramos ido a la tumba equivocada, ¿no crees que una de nosotras se hubiera dado cuenta? ¿Crees que somos tontas o qué?

—Y si crees que andábamos perdidas, ¿qué onda con los ángeles? Ni siquiera te dije de los ángeles, ¿o sí? ¡También estaban en la tumba vacía brillando como rayos! Nos dijeron que no tuviéramos miedo, que Jesús había resucitado como Él nos lo había dicho antes. Me imagino que también crees que los ángeles se equivocaron de tumba, ¿no?

—No quise insinuar nada, pero es que yo solamente…

—Y ya que me dijiste que era una tonta, entonces, ¿puedes decir que Pedro y Juan son unos payasos? Porque después que corrí y se los dije, salieron como una flecha a la tumba vacía. Es más, me ganaron en llegar allá.

»Y todavía más claro, señorita dudalotodo, ¿cuántas tumbas en Jerusalén crees que tienen roto los restos del sello romano?

—Bueno, yo, es que...

—Y ¿qué hay del sumo sacerdote y de los soldados? ¿No crees que ellos sabían cuál era la tumba correcta? Si nosotros hubiéramos ido a la tumba equivocada ¿no crees que nos hubieran dicho: «¡Lero, lero! Fueron a la tumba equivocada, aquí está el cuerpo»? ¿O qué?

—Está bien, lo siento —dijo Elisabet levantando las manos—. No quise insinuar nada tonto.

Desafortunadamente, Elisabet no es la única que hizo tal sugerencia. Kirsopp Lake propuso la teoría de que las mujeres, que reportaron que el cuerpo de Jesús no estaba, fueron a la tumba equivocada. Pero, como María tan firmemente le sugirió a Elisabet, una caminadita de 15 minutos del palacio del sumo sacerdote o de la fortaleza romana en Jerusalén hubiera acabado efectiva y rápidamente, y de una vez por todas con el rumor de una resurrección.

Por supuesto, eso no sucedió. Porque en realidad fue la tumba de Jesús la que las mujeres encontraron. Y la encontraron vacía.

Ejercicio

Desarrolla tu capacidad para enfrentar el mito de la tumba equivocada con este ejercicio:

Lee Mateo 27.57-28.15. Haz una lista de los individuos o grupos de personas que sabían de la ubicación correcta de la tumba:

Mateo 27.59-66 _____

Mateo 27.61 _____ y _____

Mateo 27.62-66 _____

Mateo 28.2-4,11 _____

Juan también menciona a alguien que sabía la ubicación exacta de la tumba de Jesús (Juan 19.38-41). ¿Quién era?

Nota que tanto Mateo como Marcos y Lucas mencionan que las mujeres vieron el sepulcro de Jesús (Mateo 27.61; Marcos 15.47; Lucas 23.55). ¿Por qué razón todos tomaron nota de esto?

17
¿Jugamos al escondite?

El mito del cuerpo robado

L a Biblia misma contiene la primera mención del mito del cuerpo robado. Después de la resurrección, algunos de los soldados que habían estado como guardias en la tumba fueron con el sumo sacerdote y contaron lo que había sucedido. Mateo reporta:

> Y reunidos con los ancianos, y habido consejo, dieron mucho dinero a los soldados, diciendo: Decid vosotros: Sus discípulos vinieron de noche, y lo hurtaron, estando nosotros dormidos. Y si esto lo oyere el gobernador, nosotros le persuadiremos, y os pondremos a salvo. Y ellos, tomando el dinero, hicieron como se les había instruido. Este dicho se ha divulgado entre los judíos hasta el día de hoy.

Mateo 28.12-15

A pesar del hecho de que el Nuevo Testamento mismo relata el origen del mito del cuerpo robado, mucha·gente hoy en día todavía se imagina que los discípulos jugaron al escondite con el cuerpo de Jesús.

Sin embargo, muchos factores hacen que esta sea una historia imposible de creer. Por ejemplo, la piedra con la que fue sellada la tumba de Jesús después de haber sido sepultado, no es la clase de piedra que la gente lanza sobre la superficie del agua. De acuerdo con la información textual y los cálculos de dos profesores de ingeniería del Tecnológico de Georgia, bien pudo haber sido una piedra circular de cinco pies de diámetro que pesaba alrededor de dos toneladas. Cuando la tumba fue preparada, un equipo de trabajadores probablemente puso la piedra en su lugar con una cuña que evitaba rodara por la zanja que estaba justamente en frente de la tumba. Cuando

Jesús fue sepultado, se retiró la cuña y la gravedad hizo el resto
del trabajo, sellando la tumba de manera tal que sólo podría
ser abierta con un equipo de varios hombres muy fuertes y
haciendo mucho ruido. Es por eso que las mujeres, en su
camino a la tumba, se preguntaron: «... ¿Quién nos removerá la
piedra de la entrada del sepulcro?» (Marcos 16.3).

Más aún, los principales sacerdotes actuaron para prevenir
que el cuerpo fuera robado pidiendo a Pilato, el gobernador
romano, un destacamento de soldados para cuidar la tumba.
Una unidad de guardia se componía de una fuerza de seguridad
de entre catorce y dieciséis hombres. Cada hombre estaba
entrenado para proteger seis pies de terreno. Diez y seis
hombres fueron colocados en una formación cuadrada, con
cuatro soldados a cada lado. Se esperaba que ellos pudieran
proteger treinta y seis yardas contra un batallón completo sin
tener problemas.

Por lo general, cuatro hombres eran ubicados exactamente
en frente de lo que se iba a proteger. Los otros doce dormían
en semicírculo enfrente de ellos con las cabezas apuntando
hacia el objeto que se protegía. Para robar lo que estos guardias
estaban protegiendo, los ladrones hubieran tenido primero
que caminar sobre los que estaban dormidos (a la clara vista,
por supuesto, de los que estaban despiertos). Cada cuatro
horas una nueva unidad de cuatro era despertada y los que
vigilaban tomaban su turno para dormir. Hacían esta rotación
continuamente.

Estos hombres no eran amables guías de turistas. Eran
máquinas de guerra muy peligrosas. T. G. Tucker en su libro
Life in the Roman World of Nero and St. Paul [Vida en el
mundo romano de Nerón y San Pablo], describe a uno de estos
soldados:

> Sobre el pecho y hombros usaba un corsé de cuero,
> cubierto de oro o bronce. Sobre la cabeza llevaba un
> casco o gorra de acero.

En la mano derecha llevaba la famosa lanza romana. Esta es un arma de más de seis pies de largo con una punta filosa de acero fijada sobre la vara de madera, y el soldado podía utilizarla como balloneta, o lanzarla como jabalina y después pelear cuerpo a cuerpo con la espada.

En el brazo izquierdo tenía su escudo... [el cual] no sólo se sujetaba con una agarradera, sino que también se podía ajustar sobre el hombro derecho con un cinto. Así el escudo se podía echar a un lado para que no estorbara a la espada (que más bien se usaba para dar estocadas que como un arma cortante). Medía aproximadamente tres pies de longitud y colgaba del lado derecho del cinturón que cruzaba sobre el hombro izquierdo... El soldado llevaba una daga en el lado izquierdo.

Los que consideran el mito del cuerpo robado creen que un grupo de discípulos, que unos días antes corrieron como conejillos asustados, se enfrentaron a un batallón de soldados romanos armados y adiestrados para la guerra. Y una de dos: o los vencieron, o se escabulleron mientras los soldados dormían y sin despertarlos movieron una piedra de dos toneladas. Después, los discípulos escondieron el cuerpo de Jesús y, en las siguientes décadas, se enfrentaron a torturas, ridículos y al martirio para propagar una mentira —*sabiendo* que era una mentira— a través del mundo conocido.

Realmente eso es más difícil de creer. El profesor de leyes de la Universidad Harvard, Simón Greenleaf, un hombre que se dedicó durante muchos años a estudiar los diferentes testimonios de personas y determinar si un testigo estaba mintiendo o no, dice lo siguiente: «Era... imposible que persistieran en afirmar las verdades que narraron, si no hubiera sido porque Jesús realmente resucitó de los muertos, y que se supo con la misma certeza que se conocía cualquier otro hecho».

Hoy, el que sinceramente busca la verdad puede tener completa confianza, como la tuvieron los primeros cristianos, de que la fe cristiana se basa no en un mito o leyenda, sino en el hecho histórico, sólido y real de la tumba vacía y del Cristo resucitado.

Ejercicio

Desarrolla tu capacidad para enfrentar el mito del cuerpo robado con lo siguiente:

Lee 1 Corintios 15.1-8. ¿Cuáles son las tres cosas que Pablo dice que son «de primera importancia»?

Que _____

Que _____

Que _____

¿Cuántas personas (por lo menos) menciona Pablo que en realidad vieron a Jesucristo resucitado?

¿Por qué Pablo menciona que la mayoría de los quinientos hermanos (en el versículo 6) «están vivos todavía»?

Si cada uno de los quinientos testigos oculares dieran

cinco minutos de testimonio, necesitaríamos 42 horas para escucharlos a todos. En la mayor parte de los juicios sólo se permite que uno o dos testigos oculares den su testimonio.

Mitos acerca de la religión y el cristianismo

18
El techo de
un hombre es el piso
del otro

El mito de la relatividad

«¡Tú no puedes decirme lo que está bien y lo que está mal!», dijo Ester. «Ya casi tengo 18 años. No me puedes imponer tus conceptos morales. ¡Sólo porque está mal para ti, no significa que lo esté para mí!»

Ester explotó con sus padres en esa confrontación para encontrar su propia versión en lo que está «bien y mal».

Ester fue víctima de la mentira del diablo que dice: «Bien o mal, todo es relativo... tú necesitas encontrar lo que está bien para ti, y necesitas definir tu propio concepto de moralidad». Por supuesto que ella no es la única. Mucha gente piensa que puede crear su propia moralidad, que puede inventar lo que está bien «para ellos» y lo que es verdad «para ellos».

Allan Bloom, autor de *The Closing of the American Mind* [La clausura de la mente americana], dijo en su libro que: «Hay una cosa que un profesor puede dar por sentada: Casi todos los estudiantes que entran a la Universidad creen, o dicen creer, que la verdad es relativa».

Pero eso es un mito. La moralidad no es relativa. El bien y el mal no son negociables. C.S. Lewis, en su libro *Mere Christianity* [Cristianismo puro], dice lo siguiente:

> Cuando encuentres una persona que dice no creer en el bien y el mal, te darás cuenta de que esta persona no tarda en contradecirse. Puede romper la promesa que hizo, pero si tú rompes la promesa que le hiciste, se quejará diciendo que «No es justo».
>
> De manera que parece que estamos obligados a creer en un bien y en un mal reales. Muchas veces la gente se equivoca respecto a sí misma, de igual manera en que a veces se equivoca en una suma; pero esto no es simplemente cuestión de opinión o gusto, es mucho más que una tabla de multiplicar.

Lo sorprendente es que no necesitas un doctorado para distinguir entre el bien y el mal. El apóstol Pablo señala que aun aquellos que nunca han escuchado de los Diez Mandamientos tienen: «...la ley escrita en sus corazones, dando testimonio su conciencia, y acusándoles o defendiéndoles sus razonamientos» (Romanos 2.15). Citando a C.S. Lewis otra vez: «esta ley o norma acerca del bien y el mal era llamada la ley de la naturaleza... porque la gente daba por sentado que todo el mundo lo sabía por su naturaleza y no porque hubiera una necesidad de enseñarlo».

Sin embargo, aún hay aquellos que insisten que lo que está «mal» para algunos no necesariamente está «mal» para ellos. Pero no engañan a nadie. Su intento de disculparse o explicar su conducta con el mito de la relatividad traiciona el hecho de que, en lo profundo de su ser, existe ese sentido del bien y del mal. Ellos son como Poncio Pilato, quien hizo la famosa pregunta: «¿Qué es la verdad?» (Juan 18.38). ¡Lo irónico de la pregunta de Pilato es que la verdad estaba delante de él en ese preciso momento! Jesús, quien se había revelado a Sí mismo como «el camino, la verdad y la vida», encarnaba la respuesta de Pilato, pero el gobernador romano falló en reconocer esta verdad en carne y hueso.

Ejercicio

Desarrolla tu capacidad para enfrentar el mito de la relatividad con el siguiente ejercicio:

Lee Jueces 17.6. El mito de la relatividad es característico de los días de los jueces en Israel, porque «en aquellos días... cada uno hacía _____».

Lee Proverbios 14.12. ¿Qué es lo que se repite de este proverbio en 15.25, acerca del camino que parece derecho al hombre? ¿Cuál es el resultado de esto? ¿Qué crees que significa este versículo?

Lee Isaías 45.19. De acuerdo con este versículo: ¿Quién decide lo que está bien?

Lee Oseas 14.9. Hay dos categorías mencionadas en las últimas líneas de este versículo ¿Cuáles son? ¿A cuál perteneces tú? En otras palabras: ¿Andas en los caminos del Señor o encuentras tropiezos en ellos?

Lee Juan 8. 31-32. ¿Aparenta Jesús no saber o no creer que hay un absoluto en cuanto al bien o el mal, o Sus palabras dan la impresión opuesta? ¿Qué es lo que Él dice que será el resultado de conocer la verdad?

19
Si tú estás bien, yo *tengo* que estar bien

El mito de que Dios nos calificará
según el promedio

«**O**ye, ¡yo no seré la mejor persona del mundo, pero tampoco soy tan malo como él! ¡Te puedo contar tantas cosas de este amigo que...! Crecimos juntos y éramos "uña y carne", así que lo conozco bastante bien.

»Era arrogante y engreído. Yo siempre me quedaba callado. Las autoridades constantemente lo tenían fichado pero en cambio yo, cooperaba mucho con ellas.

»Vivía entrando y saliendo de la cárcel; yo nunca estuve en contra de la ley.

»¡Si hubieras visto, una vez atacó e hirió a un hombre en presencia de un sacerdote!

»Como te dije antes, ¡no soy un santo ni mucho menos, pero una cosa sí te digo, Judas Iscariote no era tan malo como Simón Pedro!»

Bueno, quizá Judas nunca se justificó de esta manera, pero todo lo que se dice anteriormente es cierto. Por supuesto, tú conoces el resto de la historia: Judas traicionó a Jesús y se ahorcó. Por otro lado Pedro, a pesar de que negó al Señor, se arrepintió y fue perdonado. Luego se convirtió en uno de los más grandes líderes que jamás se hayan conocido. Pero las palabras que pusimos aquí en boca de Judas no difieren mucho al sentir de mucha gente hoy en día.

«De vez en cuando me echo mis copitas , pero no soy tan malo como fulano y mengano».

O: «Yo tengo mis defectos, pero no ando hablando mal de otros como hace ella».

O quizás así se oiga mejor: «Está bien, acepto que no soy un santo, pero si ese tipo es cristiano, entonces yo no tendré ningún problema para entrar al cielo».

Sin embargo, así no se resuelven las cosas.

Nuestro maestro favorito de la secundaria era el que

«calificaba según el promedio». Eso quiere decir que el maestro tomaba las calificaciones de todos los exámenes, sacaba el promedio y daba la nota cada uno dependiendo de que esta estuviera por encima o por debajo del promedio (como siempre, no faltaba el Einstein que hiciera que la curva del promedio se disparara). Pero la mayoría de las veces el sistema funcionaba bien, y mientras todo el mundo obtuviera una calificación regular, uno podía aprobar con ocho o nueve sin estudiar.

Algunas personas toman esa experiencia de la secundaria y la proyectan de acuerdo a sus ideas acerca de la vida, Dios y la justicia. Pero la noción de que Él nos va a calificar según el promedio es un mito.

La Biblia es muy clara al decirnos que Dios no va a comparar a Juanito y Menganito y decidir: «Bueno, Juanito, tú no eres tan malo como él, así que ven, entra en el reino de los cielos. Lo siento Menganito, a ti te toca lo que está en la puerta número tres».

Por el contrario, en cierta ocasión un hombre llamado Nicodemo visitó a Jesús. Era un fariseo, miembro del Consejo de los Judíos, un pilar en la comunidad, un hombre que hacía el bien, decía todo lo que tenía que decir y aun creía todo lo que debía creer. Jesús no le dijo: «Oye, Nico, si alguien va a ir al cielo ese vas a ser tú». Simplemente le dijo: «De cierto de cierto te digo que el que no naciere de nuevo, no puede ver el reino de Dios» (Juan 3.3).

No importa si eres mejor persona que Juana o Chana. No importa si tomas menos que Hugo y Paco, o que si vas a la iglesia más que Luis. Según Jesús, lo que importa es «nacer de nuevo».

Ejercicio

Desarrolla tu capacidad para enfrentar el mito de que «Dios nos calificará según el promedio» con este ejercicio:

Lee las siguientes oraciones. Señala las que no se encuentran en la Biblia:

A. Nadie verá el reino de Dios si no nace de nuevo.

B. Nadie debe buscar su propio bien, sino esforzarse para apoyar las buenas obras de otros.

C. He peleado la buena batalla, he terminado la carrera, he vivido una mejor vida que cualquier otro que conozco.

D. No faltes a la iglesia, porque ahí es donde encontrarás salvación.

E. No te desvíes de los caminos que tus amigos tienen para ti.

F. Guarda mis mandamientos mejor que todos los que te rodean y verás el Reino de Dios.

G. Cree en el Señor Jesucristo y trae a la iglesia un diezmo mayor que cualquier otro de tus vecinos, y serás salvo tú y tu casa.

H. Si no os arrepentís todos pereceréis igualmente.

Respuestas:
A: Se encuentra en Juan 3.3.
H: Se encuentra en Lucas 13.3

20
Cuando allá se pase lista, todo el mundo estará allá

El mito universalista

Sandra, de dieciséis años de edad, sorprendió a sus compañeros de la Escuela Dominical cuando dijo lo siguiente: «No importa si somos cristianos, budistas o musulmanes. Todos vamos a ir al cielo, sólo estamos siguiendo diferentes caminos que nos llevarán al mismo lugar».

Sandra quizás no lo sepa, pero muchas personas están de acuerdo con ella. Algunos no lo dicen, pero tienen una gran inclinación al universalismo, es decir, la idea de que las personas devotas y conscientes de cada religión terminarán de alguna manera en el cielo. Existen «Iglesias Universales» que enseñan esta doctrina. Inclusive muchos (como Sandra) que se educaron en la iglesia cristiana tienen esta idea en sus mentes.

Pero eso es un mito.

No concuerda con lo que la Biblia enseña. Jesús dijo: «Entrad por la puerta estrecha; porque ancha es la puerta, y espacioso el camino que lleva a la perdición, y muchos son los que entran por ella; porque estrecha es la puerta, y angosto el camino que lleva a la vida, y pocos son los que la hallan» (Mateo 7.13-14).

Ten presente que Dios se hizo hombre para sufrir y morir en la cruz para que cada uno encontrara perdón y disfrutara de la eternidad en el cielo; considera también que muchos a través de los siglos han aceptado o rechazado Su amor; y ten en cuenta los miles que por su fe en Jesús fueron torturados, encarcelados y martirizados. Imagínate los últimos tiempos, cuando toda la humanidad esté ante Dios. Imagínate que Dios estuviera haciendo una encuesta y a un lado coloca a los que aceptaron a Jesús y al otro a los que lo rechazaron. Luego imagínate a Dios encoger los hombros y entonces decir: «Bueno olvidémonos de todo, que pase todo el mundo».

Pero eso no sucederá. No porque Dios quiera que alguien pase la eternidad en el infierno. La Biblia dice que Él no quiere «que ninguno perezca sino que todos procedan al arrepentimiento» (2 Pedro 3.9).

El razonamiento universalista es: «Yo no sé cómo un Dios de amor puede mandar a alguien al infierno». Pero no es que Dios mande a hombres y mujeres al infierno; Él sufrió mucho dolor para asegurarle la vida eterna a «todo aquel que en Él cree». Sin embargo, hombres y mujeres pueden pasar la eternidad donde escojan. La Biblia es muy clara al decir que muchos neciamente rechazaron el amor de Dios prefiriendo pasar la eternidad en el infierno.

Es por eso que los cristianos deben cumplir con los mandamientos de Cristo e ir por todo el mundo haciendo discípulos en todas las naciones (Mateo 28.19), porque algún día, de acuerdo a la Biblia, se acabará la oportunidad de arrepentirse.

Ejercicio

Desarrolla tu capacidad para enfrentar el mito universalista con este ejercicio.

Lee Juan 6.68. Cuando muchos de los seguidores estaban desertando, Jesús le dijo a Simón Pedro: «¿Queréis acaso iros también vosotros?» ¿Qué le contestó Pedro? ¿Cuáles son las implicaciones de la pregunta «a quién iremos»? ¿Cuántos caminos a la vida eterna reconoce Pedro en este versículo?

Lee Juan 14.6. Jesús mismo habla aquí acerca de «el camino» al cielo. ¿Cuántos caminos a Dios reconoce Jesús en este versículo? ¿Cuál es el significado de el artículo «el» en este versículo?

Lee Apocalipsis 20.12-15. La Biblia habla claramente de lo que sucederá en el juicio final. De acuerdo a estos versículos: ¿Irá todo el mundo al cielo? ¿Qué les pasará a aquellos cuyos nombres no estén (por su propia elección mientras vivían) en el Libro de la Vida?

Dedica unos momentos para pensar y orar acerca de las instrucciones dadas en 2 Corintios 13.5.

21
No es lo que conozcas, sino a quién conozcas

El mito de la ideología

Miguel y Alfredo comparaban a sus maestros favoritos mientras hacían fila para registrarse en la Universidad Autónoma de Occidente:

—¿Puedes creer que Santa Ana me está dando Historia de México? —dijo Miguel.

—¡Ese tipo es un tirano! Por lo menos a mí me tocó Colón para Historia de América.

—A mi me tocó Cristo otra vez —dijo Alfredo.

—En serio, y ¿para qué clase?

—Para todas.

—¿Para todas?

—Sí.

—Oye, ¿y hace muchos exámenes?

—No.

—¿Tienes que memorizar todo lo que te enseña? —preguntó Miguel.

—No —contestó Alfredo.

—Bueno y entonces ¿qué tienes que hacer para pasar con ese tipo?

—Principalmente conocerlo. Quiere que lo conozcamos, que sepamos quién es y, claro, que desarrollemos una relación con Él.

Es difícil imaginar un maestro así, ¿no? Pero existe uno.

Mucha gente tiene la idea de que el cristianismo, como cualquier otra religión del mundo, es básicamente un sistema de creencias. Un grupo de doctrinas o de reglas de comportamiento, una filosofía, una ideología.

Pero eso es un mito.

El cristianismo no se parece en nada al budismo, o al islamismo, o al confucianismo. Es más, los fundadores de esas religiones dijeron: «Esto es lo que yo enseño. Crean mis enseñanzas. Sigan mi filosofía». Jesús dijo: «Sígueme» (Mateo 9.9).

Los líderes de las religiones mundiales dijeron: «¿Qué les parece lo que enseño?» Jesús dijo: «¿Y vosotros, quién decís que soy?» (Lucas 9.20).

La pregunta que los religiosos devotos se deben hacer es: «¿Qué ideología es la que profeso?» La pregunta que un aspirante a cristiano debe hacer es: «¿Qué, pues, haré de Jesús, llamado el Cristo?» (Mateo 27.22).

El cristianismo no es una religión. Es una relación.

El cristianismo no es un sistema de doctrinas y creencias. Es una persona.

Es por eso precisamente que el juicio de Jesús es único. En la mayoría de los juicios, el acusado es juzgado por algo que hizo. Sin embargo, Jesús fue enjuiciado por quién era.

En lo que Marcos escribe acerca del juicio de Jesús ante el Sanedrín, menciona que varios falsos testigos fueron contratados, pero su testimonio fue conflictivo e inconcluso. Marcos reporta: «Entonces el sumo sacerdote, levantándose en medio, preguntó a Jesús, diciendo: ¿Eres tú el Cristo, el hijo del Bendito?»

Entonces Jesús respondió a la frase «del Bendito» que para la mente judía era una referencia directa a Dios, diciendo: «Yo soy».

En ese momento, el sumo sacerdote sin esperar un veredicto del sanedrín, rasgó sus vestiduras, indicando que Jesús había blasfemado y proclamaba ser Dios.

El tema de discusión en el juicio de Cristo era su identidad, es decir, quién era Él. Esa es la diferencia clave del cristianismo. Que no es una ideología, sino que está basada en la identidad de Cristo y requiere de una relación personal con Él.

Lo que le da a la fe cristiana su credibilidad es que Jesucristo es el Mesías, el Hijo de Dios. Eso fue lo que causó tanto conflicto entre Jesús y los fariseos. Éstos creyeron que una sumisión total a la Ley y a los principios bíblicos era lo más importante. Jesús dijo: «En efecto, eso no es suficiente. La obediencia a la

Ley debe ser una expresión o un resultado de la relación personal de alguien para conmigo. Obedecer mis mandamientos no te hace cristiano. Solamente una relación personal y de amor conmigo puede hacerlo».

Ejercicio

Desarrolla tu capacidad para enfrentar el mito de la ideología con este ejercicio:

Lee Mateo 26.63-65. ¿Está el sumo sacerdote cuestionando a Jesús por lo que hizo o por quién es Él? ¿Cuál es la respuesta de Jesús? ¿Cómo reacciona el sumo sacerdote?

Lee Marcos 15.37-39. ¿Qué dice el centurión después de ser testigo de la muerte de Jesús en la cruz? ¿Se refiere a las enseñanzas o a la identidad de Jesús?

Lee Mateo 27.41-43. ¿Qué dijo Jesús de Sí mismo en estos versículos, de acuerdo a los que lo torturaron?

22
Deja tu cerebro
en la puerta

El mito del intelectual

Ensimismado en sus pensamientos, Gustavo caminaba por la acera de una de las principales calles de la ciudad. Se dirigía a la iglesia, porque se daba cuenta que había estado huyendo de Dios.

«No puedo más con la culpa, la convicción y el sentimiento de que a mi vida le falta algo», pensó.

Así que siguió su camino rumbo a un templo ubicado en una concurrida esquina. Después de caminar varias cuadras, finalmente llegó. Subió las escaleras, se paró frente a las grandes puertas de madera y, empujándolas, entró al templo.

Al entrar y cerrar las puertas tras de sí, se detuvo para que sus ojos se adaptaran a la luz tenue que había dentro del templo.

—¿Vas a entrar?

Gustavo se asustó al oír la voz de una mujer que no veía. Se volteó rápidamente hacia donde había oído la voz y vio a una pequeña mujer, un poco jorobada y con un moño de cabello grisáceo en la cabeza.

—¿Vas a entrar? —repitió.

—Sí —respondió Gustavo—. Voy a entrar.

—Tu cerebro por favor.

Gustavo pensó que había escuchado mal, pero ella repitió, esta vez con voz más fuerte:

—Tu cerebro, jovencito.

—¿Mi cerebro?

—Sí, ¿no vas a entrar a la iglesia?

Gustavo afirmó con la cabeza.

—¿No has decidido seguir a Cristo y convertirte en cristiano?

—Sí —respondió.

—Bueno, pues entonces tienes que dejar tu cerebro aquí. Ya no lo vas a necesitar. Le vamos a poner una etiqueta con tu nombre y lo cuidaremos, no te preocupes. Vamos, no te asustes; así es como se hace. Si te conviertes en cristiano entonces «dejas tu cerebro en la puerta».

Por supuesto que la experiencia de Gustavo es ficción. Pero refleja lo que mucha gente piensa y cree de la conversión cristiana. Creen que convertirse en cristiano requiere que uno «deje su cerebro en la puerta» para sacrificar el intelecto e ignorar los procesos racionales.

Eso es un mito.

Muchas de las mentes más grandes de la historia han pertenecido a cristianos. El apóstol Pablo, San Agustín, Martín Lutero, Juan Calvino, Juan Bunyan, Deitrich Bonhoeffer, Francis Schaeffer, etc.

La conversión cristiana no choca con el intelecto de una persona, sino que la complementa. La conversión al cristianismo muchas veces provee alivio a la persona, ya que le proporciona piezas de un rompecabezas que antes no podía ver, y por fin ve cómo esas piezas caen en su lugar.

C.S. Lewis en su autobiografía habla de cómo él resistía y eludía el evangelio cuando era joven, ya que consideraba el cristianismo como un sistema antiintelectual. Su resistencia fue vencida, y fue «sorprendido por el gran gozo de descubrir que la conversión *estimulaba* sus capacidades imaginativas y creativas. Se volvió muy famoso por sus escritos, entre los cuales encontramos libros como *Cartas a un diablo novato* y las aclamadas Crónicas de Narnia.

Lew Wallace estaba dispuesto a refutar el cristianismo con su creatividad e intelecto poderoso. Pero el poder del evangelio convirtió en creyente al autor del clásico *Ben-Hur*.

El abogado inglés Frank Morrison intentó escribir un libro desacreditando la resurrección de Jesucristo. Realizó una profunda investigación, recopilando evidencias históricas y trabajando devotamente en esta tarea. Finalmente su intelecto y trabajo lo llevaron a la inevitable conclusión de que Jesús había resucitado de la muerte. Se convirtió en cristiano.

El evangelio no requiere que «dejes tu cerebro en la puerta». Por el contrario, el cristianismo demanda un uso total de tu intelecto, hasta que con toda confianza puedas repetir con Pablo: «Porque no me avergüenzo del evangelio, porque es poder de Dios para salvación a todo aquel que cree...» (Romanos 1.16).

Ejercicio

Desarrolla tu capacidad para enfrentar el mito intelectual con este ejercicio:

Lee Juan 8.32; 1 Pedro 3.15; Hechos 17.2-4.

También lee Hechos 17.16-34, donde se narra la experiencia de Pablo en Atenas, cuando se encuentra con los filósofos y pensadores sofisticados del Areópago. Nota el versículo 23: ¿Acaso Pablo le pide a los atenienses que echen a un lado su intelecto? ¿U ofrece complementar el conocimiento de ellos, llenando los vacíos que muchos tenían?

Junto con el grupo de convertidos en Atenas había un miembro areopagita (véase versículo 34). ¿Quién era?

23
Tito y el profesor

El mito de la fe ciega

—Ah, conque eres cristiano ¿no? —dijo el profesor con aire de superioridad.

Tito, quien estaba cursando su primer año universitario, tragó saliva tan fuertemente que todo el salón lo escuchó .

—A ver —dijo el profesor— ¿puedes probarme al cien por ciento que Jesús resucitó de los muertos?

Tito trató de limpiar su garganta, pero su respuesta salió en un tono agudo.

—Mmmh, no.

—¿Ya ves? —dijo el profesor—. Fe ciega. Fe ignorante, irracional e irrazonable.

Se dio media vuelta hacia el pizarrón y dejó a Tito humillado y sentado por el resto de la clase con la cara roja y el corazón derrotado.

De joven, yo hubiera estado de acuerdo con el profesor. Pensaba que la fe cristiana era una fe ciega. Comencé a examinarla, para intentar refutar el cristianismo. Sin embargo, mientras más examinaba el cristianismo bíblico e histórico, mejor entendía que es una fe razonable e inteligente.

Jesús dijo a sus seguidores: «...y conoceréis la verdad, y la verdad os hará libres» (Juan 8.32). No dijo: «Ignoraréis la verdad». Ni dijo: «Que no os importe la verdad». Ni tampoco dijo: «Sólo tenéis que creer sin importar la verdad». Él dijo, «Conoceréis la verdad, y la verdad os hará libres».

Jesús no nos llamó a cometer un suicidio intelectual al confiar en Él como nuestro Salvador y Señor. Él no espera que practiquemos nuestra fe cristiana en una aspiradora intelectual. La fe cristiana debe basarse en la evidencia.

El profesor que retó la fe de Tito creía que si uno no puede probar algo al ciento por ciento, entonces no es cierto y por lo tanto no tiene sentido. También se imaginaba que la fe cristiana es una fe ciega, ya que cosas como la resurrección y la deidad de Jesús no se pueden probar con una certeza del ciento por ciento.

Eso es un mito.

Vivimos en un universo de riesgos. Eso significa que hay muy pocas cosas que se pueden probar al ciento por ciento, excepto, quizás, en el área de las matemáticas.

Los fabricantes de automóviles no pueden garantizar al ciento por ciento que sus nuevos modelos son seguros. Pero la evidencia de una serie de exhaustivas pruebas de seguridad es muy conclusiva.

Un jurado no puede probar con total certeza que un sospechoso cometió un crimen. Aunque tenga una confesión, hay contingencias. Puede que mienta para proteger a alguien. O quizá lo esté amenazando. Pero los jueces pesan las evidencias para formar una conclusión «más allá de una duda razonable».

De manera similar, ni la resurrección de Cristo ni su deidad se pueden probar a un ciento por ciento. Pero eso no significa que la fe cristiana sea ciega. La evidencia de la fe cristiana es adecuada. No es exhaustiva, porque esto la convertiría en un ciento por ciento cierta. Pero es adecuada.

El apóstol Juan escribió en su Evangelio: «Hizo además Jesús muchas otras señales en presencia de sus discípulos, las cuales no están escritas en este libro» (Juan 20.30). ¿Qué nos está diciendo? Nos dice que hay muchas cosas que Jesús hizo que demuestran que es el Hijo de Dios, pero que no fueron escritas. La evidencia que Juan provee no es exhaustiva. Pero escribe en el siguiente versículo: «Pero éstas se han escrito para que creáis que Jesús es el Cristo, el Hijo de Dios, y para que creyendo, tengáis vida en su nombre» (Juan 20.31). En el versículo 30 lo que Juan dice es: «Mira, la evidencia no es exhaustiva», y en el 31 dice: «Pero es suficiente».

Blaise Pascal, matemático, filósofo y científico francés, dijo que hay suficiente evidencia para que la fe cristiana convenza a cualquiera que no esté en contra de ella. Pero no hay suficiente evidencia para traer a ninguno al reino de Dios si no está dispuesto a venir.

Ejercicio

Desarrolla tu capacidad para enfrentar el mito de la fe ciega con este ejercicio:

Lee Juan 20.30-31. ¿Por qué escribe Juan la evidencia de la identidad de Jesús como Cristo, Hijo de Dios? ¿Cómo viene «la vida en Su nombre»? ¿Por creer en quién (o en qué)?

Lee Lucas 1.1-4. Según el versículo 3: ¿A qué atribuye Lucas el escribir su Evangelio? Nota que Lucas escribe su Evangelio a alguien llamado Teófilo. ¿Qué es lo que Lucas espera de Teófilo al «escribir» en orden los sucesos y enseñanzas de la vida de Jesús?

¿Te has puesto como meta «investigar cuidadosamente» la evidencia «para que tengas la certeza y conozcas bien la verdad de las cosas en las cuales has sido instruido»?

24
Abraham Lincoln y la clase de las diez de la mañana

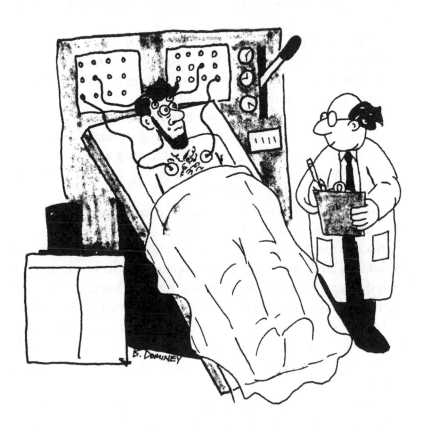

El mito de lo que no es científico

—Espere un momento señor.

Acababa de terminar una conferencia en una prestigiosa universidad de la costa oeste de los Estados Unidos, cuando una voz en la parte de atrás del auditorio dijo:

—Soy un estudiante graduado en ciencias y en lo personal no acepto nada que no esté probado científicamente. ¿Podría probar la resurrección de Jesús científicamente? —preguntó el joven.

—No —le dije.

El estudiante refunfuñó y tomó una pose burlona.

—Claro que... usted ni siquiera puede probar científicamente su propio enunciado —le dije.

El método científico para probar algo consiste en repetir una y otra vez un hecho en una situación controlada, de manera que se observe, se recopile la información y se exprese una conclusión. La prueba científica es el resultado de la experimentación y la observación.

Por ejemplo, una prueba científica ocurre cuando un hombre y una mujer vestidos con batas blancas entran a un laboratorio, ella tomando notas, y él con un objeto cuadrado, blanco y sólido en su mano. El hombre pone el objeto en un tanque lleno de agua común y corriente y lo empuja hacia el fondo. El objeto sube a la superficie y la mujer toma nota de lo sucedido.

Por segunda vez empuja el objeto hacia el fondo del tanque, el objeto sube a la superficie y la mujer toma notas. Repite la acción por tercera vez, el objeto sube a la superficie y ella vuelve a escribir.

Luego de hacer esto repetidas veces en un medio ambiente controlado, observando y tomando nota de los resultados, los científicos concluyen que el jabón flota. Ya está probado científicamente.

El problema es que mucha gente cree que si no se puede probar algo científicamente es que no es cierto o que no se puede creer en eso.

Pero eso es un mito. El método científico no es la única manera de probar algo. Si fuera así, tú no podrías demostrar que Abraham Lincoln fue presidente de los Estados Unidos, porque no puedes repetir ese hecho que pertenece al pasado.

De manera similar no puedes probar científicamente que tuviste un examen «durísimo» de historia el viernes pasado a las diez de la mañana. No puedes repetirlo una y otra vez en un medio controlado donde se registren observaciones y notas. Pasa sólo una vez y ya es historia.

Pero sólo porque Abraham Lincoln y tu examen de la clase de las diez de la mañana no se pueden probar científicamente, no quiere decir que no hayan sucedido. Se pueden probar. Y la manera es a través del método histórico legal o el método evidencial.

El método evidencial prueba un hecho examinando tres clases de evidencias: el testimonio oral, el testimonio escrito y el testimonio físico. Esta es la clase de prueba que se ofrece a diario en las cortes de todo el mundo y que, además, es la única que se aplica a un hecho histórico.

¿Cómo puedes probar (por el método evidencial) que hubo un presidente de los Estados Unidos llamado Abraham Lincoln? Si se encontraran testigos oculares, uno podría entrevistar a personas que lo conocieron, que lo vieron o que oyeron hablar de él, eso es una evidencia oral. También podríamos recopilar copias de cartas que escribió, periódicos que reportaron su asesinato y libros acerca de él. Esta sería la evidencia escrita. Finalmente podríamos exhibir evidencias físicas: su reloj de bolsillo, fotografías, lugar de nacimiento, inclusive hasta su azucarera.

¿Cómo podrías probar tu examen de historia de las diez de la mañana del viernes pasado por el método evidencial? Tu maestro podría testificar, tú podrías proporcionar el examen calificado y fechado (a menos que tengas que esconderlo para que tus padres no lo vean), y podrías recortar la foto del anuario que se tomó mientras te estaban haciendo el examen, y cosas por el estilo.

El método científico es limitado. No puede probar los métodos mencionados anteriormente. No puede probar que Napoleón fue derrotado en Waterloo. No puede probar que la peste bubónica mató a 150 mil personas en el siglo XVII en Londres. No puede probar que Jesús resucitó de los muertos, porque no puede repetir el hecho en un medio ambiente controlado, donde se pueden hacer observaciones, tomar notas y dar una conclusión.

Sin embargo, un hecho histórico puede ser probado por el método evidencial, proporcionando testimonios orales, escritos y físicos que establecen la veracidad de un suceso que va más allá de cualquier duda razonable.

Por ejemplo, la idea de que la resurrección de Jesús sea increíble o falsa porque no se puede probar científicamente es un mito.

La vida y ministerio de Jesús, sus milagros y su resurrección se pueden probar —y han sido probados— evidencialmente.

Ejercicio

Desarrolla tu capacidad para enfrentar el mito de lo que no es científico a través de este ejercicio:

Lee Juan 20.1-9. ¿A qué evidencia física de la resurrección de Jesús hacen referencia estos versículos?

Lee Juan 20.10-29. ¿Cuáles fueron las reacciones de los testigos de la resurrección de Jesús escritas por Juan?

Lee Juan 20.30-31. ¿A qué clase de evidencia se refiere este versículo?

Finalmente lee 1 Corintios 15.3-8. ¿Cuántos testigos de la resurrección cita este escrito?

Considerando el método evidencial: ¿Qué otras evidencias de la resurrección de Cristo pueden existir?

25
Tenis y tomates cocidos

El mito del lavado de cerebro

Mucha gente cree que la conversión cristiana es una experiencia inducida sicológicamente y efectuada a través de presentaciones persuasivas y emotivas de «mitos cristianos». Se imaginan que la vida cristiana es una quimera. En otras palabras, los cristianos se engañan y también engañan a otros con juegos mentales elaborados que producen algunos cambios en su comportamiento.

Esto es un mito.

Estaba dando mi testimonio durante un debate en una clase de historia. Ya casi al terminar, el profesor dijo lo siguiente:

—Mira, McDowell, estamos interesados en hechos, no en testimonios. Me he encontrado con demasiadas personas alrededor del mundo que han sido transformadas por Cristo.

—Gracias —le dije— déjame terminar lo que estaba diciendo, para entonces concetrarme en tu comentario.

Unos momentos después, enfaticé la objeción del maestro.

—Muchos de ustedes dicen: «Cristo cambió tu vida ¿y qué?» Les voy a contestar el "y qué"».

»Algo que me ha confirmado la resurrección de Jesucristo, sucedida hace dos mil años, es la transformación de la vida de millones de personas cuando se relacionan en fe con la persona de Jesús. A pesar de que provienen de diferentes formas y estilos de vida y de todas las naciones del mundo, se transforman en maneras increíblemente similares. Desde el profesor más brillante hasta el salvaje más ignorante, luego de confiar en Jesús, su vida comienza a cambiar.

»Algunos dicen que es sólo programación mental, o sencillamente se excusan diciendo que eso no prueba nada. Para un cristiano, detrás de su experiencia subjetiva hay una realidad objetiva como base. Esta realidad objetiva es la persona de Jesucristo y su resurrección.

»Por ejemplo, —le dije a la clase—, supongamos que un estudiante entra a este salón y dice: "oigan, tengo un tomate cocido en mi tenis derecho. Este tomate ha cambiado mi vida y me ha dado la paz, el amor y el gozo que nunca antes había tenido. No sólo eso, sino que ahora puedo correr los cien metros en diez segundos".

Sonreí a la clase.

—Es difícil discutir con un estudiante así, —continué—, si su vida respalda lo que dice... especialmente si corre mil metros en "menos de lo que canta un gallo". Con frequencia un testimonio personal es el argumento subjetivo para la realidad de algo. Por lo tanto *no desechemos una experiencia subjetiva como algo irrelevante.*

»Sin embargo, hay dos pruebas que yo aplico a una experiencia subjetiva. Primero: ¿Cuál es la realidad objetiva para la experiencia subjetiva? Segundo: ¿Cuántas otras personas han tenido la misma experiencia subjetiva como resultado de su relacion con esta realidad objetiva?

»Si tú aplicas esos exámenes al tomate cocido en el tenis, ¿qué pasa? Él contestaría la primera como: Un tomate cocido en mi tenis derecho.

»La segunda pregunta se podría hacer de la siguiente manera: ¿Cuántas personas en este salón, en esta universidad, en este país, en este continente y así sucesivamente, han experimentado el mismo amor, paz, gozo, e incrementado velocidad al correr como resultado de un tomate cocido en el pie derecho?

La mayoría de los estudiantes reaccionaron a la pregunta con risas. ¿Quién puede culparlos? Era obvio que la respuesta a la segunda pregunta era «¡Ninguna!»

¿Qué pasa cuando estas dos pruebas se aplican a la experiencia cristiana?

1. ¿Cuál es la realidad objetiva o base para mi experiencia subjetiva de una vida cambiada?

Respuesta: La persona de Cristo y Su resurrección.

2. ¿Cuántas otras personas han tenido esta misma experiencia subjetiva relacionada con la realidad objetiva de Jesucristo?

Respuesta: Millones, de todo tipo de estilos de vida, nacionalidades y profesiones, sus vidas han sido cambiadas a un nuevo nivel de paz, gozo y victoria al entregar sus vidas a Cristo.

La experiencia de la conversión cristiana no es un lavado de cerebro. A pesar de ser subjetiva, la experiencia cristiana se basa en una realidad objetiva e innumerables veces se repite dramáticamente en la vida de toda clase de personas. A propósito, el apóstol Pablo se refiere al poder dinámico de la experiencia cristiana cuando le escribe a los corintios diciéndoles:

> ...No erréis; ni los fornicarios, ni los idólatras, ni los adúlteros, ni los afeminados, ni los que se echan con varones, ni los ladrones, ni los avaros, ni los borrachos, ni los maldicientes, ni los estafadores, heredarán el reino de Dios. Y esto erais algunos; mas ya habéis sido lavados, ya habéis sido santificados, ya habéis sido justificados en el nombre del Señor Jesús, y por el Espíritu de nuestro Dios.
>
> *1 Corintios 6.9-11*

Ejercicio

Desarrolla tu capacidad para enfrentar el mito del lavado de cerebro leyendo las siguientes porciones de Hechos e indicando el nombre, nacionalidad y profesión de la persona, cuya vida ha sido cambiada a través de la fe en Cristo. El primero te servirá de ejemplo.

Hechos 8.26-39
>   Nombre: *desconocido*
>   Nacionalidad: *Etíope*
>   Profesión: *Oficial gubernamental*

Hechos 9.1-9, 17-19
>   Nombre:
>   Nacionalidad:
>   Profesión:

Hechos 10.1-45
>   Nombre:
>   Nacionalidad:
>   Profesión:

Hechos 16.11-15
>   Nombre:
>   Nacionalidad:
>   Profesión:

Hechos 16.22-33
>   Nombre:
>   Nacionalidad:
>   Profesión:

26
Sin lugar a dudas

El mito de Tomás

Tomás ha sido difamado grandemente. Su reputación no es tan mala como la de Judas, quien traicionó a Jesús. Y quizás nunca compitió con Pedro, quien negó al Señor tres veces antes de su crucifixión. Pero Tomás está clasificado entre los «chicos malos» de los discípulos, los doce hombres que estuvieron más cerca de Jesús durante Sus tres años de ministerio.

Tomás debe su reputación de «chico malo» a un incidente después de la resurrección del Señor. Jesús había aparecido a los discípulos que estaban a puertas cerradas. Pero Tomás no estaba con ellos. Cuando dijeron a Tomás las noticias de la resurrección de Jesús, él respondió: «...si no viere en sus manos la señal de los clavos, y metiere mi dedo en el lugar de los clavos, y metiere mi mano en su costado, no creeré» (Juan 20.25).

Cuando Jesús se le apareció a Tomás, el Señor le dijo: «...Pon aquí tu dedo, y mira mis manos; y acerca tu mano, y métela en mi costado; y no seas incrédulo, sino creyente» (Juan 20.27).

Sin embargo, muchas personas, cuando leen estas palabras, se enojan con Tomás por su incredulidad. Al hacer esto, se les olvida que ninguno de los otros discípulos creyeron hasta que también vieron las evidencias de la resurrección. Los otros ya habían visto las manos y el costado de Jesús. Aun más, Jesús no le dijo a Tomás: «Nunca debiste dudar». Él le mostró a su discípulo la evidencia y entonces le dijo: «No seas incrédulo» y finalmente, cuando Tomás vio la evidencia, (la Biblia no dice si Tomás tocó o no a Jesús como pidió), hace una de las más grandes confesiones en la historia de la fe, diciendo a Jesús: «¡Señor mío y Dios mío!»

Por alguna razón pensamos que las dudas son una de las

más grandes groserías. «Los verdaderos cristianos no dudan», decimos.

Eso es un mito.

La duda no es lo opuesto a la fe; es lo que la precede. La duda no cancela nuestra fe, sino que da lugar a la fe. Es más, así como en el caso de Tomás, la duda puede ser lo que nos lleve a la verdad.

«Hay más fe en una duda honesta, que en la mitad de los credos», dijo Tennyson.

Gordon y William Brown, en su libro *Romanos: Evangelio de libertad y gracia*, hacen la siguiente observación: «La fe crece al buscar la verdad, y el que la busca debe hacer preguntas, y estas preguntas implican "dudas honestas". El significado original de la palabra "duda", *skeptikos*, es investigador o cuestionador».

El mito de Tomás de que «los verdaderos cristianos no dudan», no viene de la Biblia. La lección que tenemos que aprender de Tomás es que la duda es natural, que podemos ser honestos en cuanto a nuestras dudas, y que una duda honesta debe abrir el camino para la fe cuando Jesús nos revela la verdad.

Ejercicio

Desarrolla tu capacidad para enfrentar el mito de Tomás con este ejercicio:

Lee Lucas 24.1-12. ¿Cuál fue la reacción de los discípulos cuando la mujer relató las noticias de la resurrección de Jesús (versículo 11)?

Lee Lucas 24.13-24. ¿Cómo reaccionaron estos dos hombres que iban en camino a Emaús cuando escucharon acerca de la resurrección? ¿Implican estos versículos certeza o incertidumbre?

Lee Lucas 24.25-35. ¿Cómo fue que estos dos discípulos se convencieron de la realidad de la resurrección?

Lee Lucas 24.36-47. ¿Cuál fue la primera reacción de los discípulos cuando se les aparece Cristo resucitado (versículo 41)?

¿Cómo fue que se convencieron (versículos 40, 42, 43 y 45)?

Lee Juan 20.19-29. ¿Cuál fue la respuesta de Jesús al clamor de Tomás: «Señor mío y Dios mío»? De manera similar, Jesús desea que lleguemos al punto de responder y confesarlo como Señor y Dios.

¿Cuáles son tus dudas? Ora para que a través de tus dudas Jesús te guíe a una nueva confesión de fe.

27
Las macetas no contestan oraciones

El mito de la fe subjetiva

E lena se sentó a la mesa con su amiga Lucy.

«Creo que cada una de nosotras tiene la fe que necesita. Quiero decir que el cristianismo no es lo único que hay. Lo importante es que *uno crea*».

Lucy frunció el ceño como si eso la ayudara a pensar con más claridad. «Yo creo que, después de todo, el cristianismo sólo se trata de ser salvos por fe. Así que yo creo...»

Hizo una pausa, y esta vez comenzó a hablar más despacio. «Bueno, yo creo que no es tan importante lo que uno crea, siempre y cuando uno crea lo suficiente».

Lo siento Lucy. Lo siento Elena. Eso es un mito.

Un profesor universitario recientemente le dijo a su clase: «Creo en la fe. Creo en el poder de la fe. Y he visto cómo cambia las vidas».

Pero eso es existencialismo, no cristianismo. El existencialismo enfatiza que lo importante es creer, no necesariamente en qué o en quién, sino simplemente creer.

Me invitaron a un debate con el encargado del departamento de Filosofía en una gran universidad acerca de la teoría marxista y de los seres humanos como criaturas económicas. Yo señalé que la resurrección de Jesús era crucial para mí, además de la fe histórica bíblica.

«Mire McDowell», mi oponente interrumpió, «el punto no es la resurrección. No importa si la resurrección sucedió o no. Lo importante es si usted *cree* que sucedió».

«Eso está mal», contesté. «La verdad de lo que yo creo sí es importante, porque si lo que creo no es verdadero entonces no hay razón para mi fe cristiana».

Después del debate, un estudiante musulmán se me acercó. «Señor McDowell», me dijo, «conozco a algunos musulmanes que tienen más fe en Mahoma que la fe que algunos cristianos tienen en Cristo».

«Eso puede ser cierto», le contesté, «pero ese no es el punto. No es *cuánta fe tienes, sino en qué tienes puesta la fe*».

El valor de la fe no está en la persona que cree, sino en el objeto de la fe. Tú puedes tener más fe que cualquier persona de la historia, pero si la pones en las macetas de tu sala, ¿acaso tienes una relación de salvación con Dios?, ¿tienes perdón de pecados? ¿Por qué no, si estás creyendo lo suficiente? ¡Porque el objeto de tu fe es una maceta!

Por otro lado, si tu fe es del tamaño de una peca, y tú pones esa fe en Jesucristo: ¿Tienes una relación con Dios de salvación? ¿Tienes perdón de tus pecados? Definitivamente. ¿Qué es lo que hace la diferencia? El objeto de tu fe; en el que pones tu fe es lo que hace la diferencia.

La fe cristiana no es subjetiva, es totalmente objetiva. Por eso es que el apóstol Pablo dice en 1 Corintios 15.17: «... y si Cristo no resucitó, vuestra fe es vana; aún estáis en vuestros pecados». Pablo reconoce que esa fe subjetiva «no importa qué *tanto* uno pueda creer» es insuficiente para salvarnos de nuestros pecados. Pero cuando tu fe está puesta en el Jesucristo resucitado, tú eres salvo «... por gracia... *por medio* de la fe...» (Efesios 2.8). La fe no te salva; Jesucristo sí.

Ejercicio

Desarrolla tu capacidad para enfrentar el mito de la fe subjetiva con este ejercicio:

Lee Juan 3.16. Nota la importancia de estas dos palabras: «en Él» con el mensaje de la vida eterna en este versículo.

Lee Juan 8.24. En este versículo, ¿enfatiza Jesús la importancia del *creer* o del creer *en Él*?

Lee Hechos 16.30-31. ¿Qué (o en quién) le dijo Pablo al carcelero filipense que creyera?

Busca Romanos 3.22 y llena los espacios en blanco en el siguiente enunciado: «La justicia de Dios por medio de la fe _____, para todos los que creen en Él...» (Romanos 3.22).

28
Cómo predicar moral en calzoncillos

El mito
de «Elmer Gantry»

E lmer Gantry era el héroe y título de una famosa novela escrita por Sinclair Lewis. Gantry, un evangelista avaro, lascivo e hipócrita, predicaba una cosa y practicaba otra. Sus palabras, sermones y vida eran fingidos.

Este personaje ficticio ha sido comparado con los escándalos recientes que han arruinado a varios predicadores y ministerios famosos. La fama de Jim Bakker del club PTL, se derrumbó cuando descubrieron sus relaciones sexuales extramaritales y acciones subsecuentes para tratar de encubrir el escándalo. Las acusaciones que Jimmy Swaggart le hizo a Bakker se derrumbaron a su alrededor cuando lo forzaron a confesar su pecado pornográfico. La atención que los medios de difusión masiva le dieron a estos y otros escándalos incrementaron la aceptación del mito de Elmer Gantry, que básicamente cree que la mayoría de los predicadores, evangelistas y líderes cristianos son más hipócritas y rufianes.

Los periódicos, revistas y cadenas de televisión que reportaron estos sucesos, no mencionaron a los evangelistas y predicadores que continúan sirviendo a Dios con integridad y humildad. El pecado de Jimmy Swaggart y la lucha por restaurar su ministerio destrozado pareció opacar los cincuenta años de la carrera evangelística de Billy Graham. Las predicaciones de Graham han alcanzado a millones, y su vida nunca ha contradicho sus predicaciones. Aun así, Graham confiesa que desde el principio de su ministerio: «He temido, y aún temo, hacer algo que deshonre al Señor».

Billy Graham, Luis Palau, Charles Colson, Dawson McAllister y Charles Swindoll son ejemplos del vasto número de líderes cristianos cuyas vidas reflejan sus enseñanzas. Nuestra sociedad parece haber adoptado el mito de Elmer Gantry, catalogando a todos los predicadores y ministros como hipócritas. Pero eso es un mito.

Pedro advirtió a los cristianos del primer siglo: «... habrá entre vosotros falsos maestros...» También añadió que por estas personas: «... el camino de la verdad será blasfemado» (2 Pedro 2.1-2). Es por eso que el diablo trabaja tan fuerte para esparcir el mito de «Elmer Gantry». Quiere que la verdad sea blasfemada. Quiere que la predicación de hombres y mujeres santos se vea comprometida por el pecado e hipocresía de otros.

La verdad es la verdad, no importa lo que otros hagan. La salvación sigue siendo por gracia a través de la fe en nuestro Señor Jesucristo. Dios sigue teniendo el poder para guardarnos sin caída y presentarnos sin mancha delante de su gloria con gran alegría (véase Judas 24).

«Así que...», como Pedro decía, «guardaos, no sea que arrastrados por el error de los inicuos, caigáis de vuestra firmeza. Antes bien, creced en la gracia y el conocimiento de nuestro Señor y Salvador Jesucristo. A Él sea gloria ahora y hasta el día de la eternidad. Amén» (2 Pedro 3.17-18).

Ejercicio

Desarrolla tu capacidad para enfrentar el mito de «Elmer Gantry» con este ejercicio.

Lee Filipenses 1.15-18. ¿Qué dice Pablo acerca de aquellos que predican el evangelio falsamente? ¿Qué considera él «lo importante»?

Lee 2 Corintios 11.3-15. Pablo temía que algunas personas «disfrazadas como apóstoles de Cristo» guiaran erróneamente a los cristianos. ¿Por qué dice Pablo que no sería sorprendente si así sucediera?

Lee 1 Corintios 4.16-17. El comportamiento de Pablo era tal, que les decía a otros que lo imitaran. ¿Qué lo hacía estar tan seguro como para decir eso? (Pista: véase el versículo 17).

Aunque veamos a líderes cristianos involucrados en escándalos, Pablo nos ofrece una advertencia. Lee 1 Corintios 10.32. Según este versículo, ¿cómo nos deben afectar estas tragedias?

29
La promesa de
la serpiente

¡Tú puedes!

Convirtiéndose en Dios

El mito de la Nueva Era

E n el mercado, una mujer de cabellos rizados le cuenta a su amiga los sorprendentes poderes curativos de sus *cristales místicos de cuarzo*: «No he tenido un solo dolor de cabeza en más de un año», declara.

Un hombre callado y bien parecido asegura que se puede comunicar con varias especies de animales (ballenas, delfines, pájaros) con patrones y notas musicales.

Un atractivo ejecutivo usa antiguos principios chinos para hacer decisiones en el trabajo, y una señora de 70 años «recuerda» haber sido una monja católica romana en el siglo XI.

Gurús, extraterrestres, hipnotismo, proyección astral y filosofías orientales, son algunos de los elementos que integran el «New Age Movement» [Movimiento de la Nueva Era], también llamado NAM en versión corta. El NAM es una mezcla de ideas y creencias que popularizó el libro y la miniserie de televisión *Out on a Limb* [En el limbo] de Shirley MacLaine.

Lo que comúnmente se conoce como el movimiento de la Nueva Era no es una religión organizada o un grupo de alguna clase, sino una moda, una escuela de pensamiento que emerge y toma diferentes formas. Aunque es imposible decir qué es el NAM, una de las creencias que muchas veces caracteriza el pensamiento del NAM es que Dios está en todo, todos somos Dios, y que transformando nuestra conciencia podemos descubrir el «dios» (y por lo tanto el potencial ilimitado) en nosotros.

Eso es un mito.

El NAM con toda su popularidad actual, series de televisión, libros tan vendidos y seminarios de negocios, no es nada nuevo. Parte de ello data de los tiempos del huerto del Edén.

El relato del Génesis cuenta cómo Satanás, disfrazado en

forma de serpiente, prometió a Adán y a Eva que si comían del fruto prohibido serían «como Dios, sabiendo el bien y el mal». Pero Satanás, el inventor de la media verdad, mintió. Aunque sí conocieron el bien y el mal (hasta ese momento sólo conocían el bien), no fueron como Dios.

El NAM es una evidencia de que los hombres y mujeres siguen cometiendo el mismo error. Cuatrocientos años atrás, Montaigne recalcó: «Verdaderamente el hombre está loco. No puede hacer ni una pizca y hace dioses por docenas».

La palabra de Dios encara el mito de la Nueva Era con las nuevas que Jesús: «...Siendo en forma de Dios, no estimó el ser igual a Dios como cosa a que aferrarse, sino que se despojó a sí mismo, tomando forma de siervo, hecho semejante a los hombres; y estando en la condición de hombre, se humilló a sí mismo, haciéndose obediente hasta la muerte, y muerte de cruz» (Filipenses 2.6-8).

El incomparable mensaje de la Biblia no es que el hombre puede convertirse en Dios, sino que Dios se hizo hombre y murió por nuestros pecados para que pudiéramos encontrar vida eterna.

Ejercicio

Desarrolla tu capacidad para enfrentar el mito de la Nueva Era con este ejercicio:

Lee Génesis 3.1-7. Según el versículo 5: ¿Cuál fue la promesa de doble filo que hizo Satanás a Adán y Eva si comían el fruto? Según el versículo 7: ¿Cuál de estas promesas se cumplió cuando lo comieron? ¿Qué hay de la promesa de que serían como Dios?

Lee la experiencia de Pablo y Bernabé en Hechos 14.8-18. ¿Cómo reaccionó la multitud ante la sanidad que hicieron? (verso 11) Según el versículo 14, ¿cómo fue que estos dos grandes misioneros respondieron cuando la multitud los aclamó como dioses? ¿Qué hubieran dicho Pablo y Bernabé ante la postura del movimiento de la Nueva Era de que nosotros podemos volvernos dioses al transformar nuestras conciencias?

Lee Hechos 12.21-23. ¿Cómo reaccionó la multitud al discurso de Herodes? (versículo 22) ¿Qué pasó entonces con el «dios» que ellos aclamaban? (versículo 23)

30
¡No es justo, yo no me merezco esto!

El mito del jardín de rosas

C indy, una cristiana de 17 años, conduce hacia su casa un viernes por la noche, después de trabajar medio tiempo en el restaurante. Se vira y ve un carro al otro lado de la carretera que cruza el entronque y va directamente hacia ella. Da un viraje brusco, pero el otro coche se estrelló contra su Chevrolet. Cindy muere en el impacto. La persona que manejaba el otro carro estaba en estado de embriaguez.

Una abeja pica a Raquel, una pequeña de dos años de edad, mientras jugaba en el patio de su casa. Su cara se inflama inmediatamente. Su mamá se da cuenta de la severidad de la reacción, pero Raquel muere antes de llegar al hospital. Sus padres no tenían ni la más remota idea de que Raquel tuviera una alergia tan grande a las picaduras de abeja.

Un bebé nace en la India en una casta inferior. Pasa los primeros cuatro meses de su vida en una caja de cartón antes de morir de inanición. Su madre muere dos meses después.

La vida no es justa. Los bebés mueren. La gente buena sufre. Los cristianos se lastiman terriblemente. Y la gente buena que sufre a veces responde: «¡No es justo, yo no me merezco esto! ¿Por qué a mí?»

La gente se ha hecho esta pregunta por generaciones, desde el antiguo patriarca Job, cuya historia encontramos en la Biblia, hasta el Rabí Harold Kushner en su libro, *When Bad Things Happen to Good People* [Cuando pasan cosas malas a la gente buena].

La pregunta surge de la idea que la gente buena, particularmente los cristianos, tienen derecho a vivir una vida libre de luchas, penas y sufrimientos.

Pero eso es un mito.

Dios nunca prometió un lecho de rosas. Él nunca dijo que la vida sería fácil y que a la gente buena sólo le pasarían cosas buenas. Él no garantiza una vida fácil y cómoda para los que le amamos y servimos.

Erróneamente, esto es lo que la gente ha dado por hecho durante milenios. Pero una lectura cuidadosa de la Palabra de Dios nos muestra que esta aseveración es un sofisma.

Los discípulos de Jesús hicieron la ya trillada pregunta acerca del porqué la gente sufre. Señalaron a un hombre que había nacido ciego.

«Maestro», preguntaron, «¿quién pecó, este hombre o sus padres, para que naciera ciego?»

Jesús respondió, «ninguno», y lo sanó.

A menudo este es el caso de lo que a sufrimiento en el mundo se refiere. Algunas personas sufren por su pecado, como el hombre que robó la tienda y fue encarcelado. Otros sufren por el pecado de otros, como el bebé que nace deforme por la adicción a la cocaína de los padres. Pero mucho del sufrimiento de este mundo entra en la categoría de «ninguno».

Cuando Dios creó el mundo, creó las leyes naturales como la ley de la gravedad y las leyes del movimiento. Nosotros somos los beneficiarios de esas leyes, pero ocasionalmente también somos sus víctimas. Muchas veces la ley de la gravedad provoca que un avión lleno de gente se precipite a la superficie de la tierra. A veces, las leyes del movimiento producen resultados trágicos cuando los automóviles chocan. Dios no suspende esas leyes naturales por la gente buena.

La vida no es justa. Accidentes, enfermedades, tragedias, muertes y todas esas cosas también pasan a los cristianos. De hecho, una de las promesas más frecuentes que Jesús hizo a Sus discípulos fue: «...En el mundo tendréis aflicción; pero confiad, yo he vencido al mundo» (Juan 16.33).

Los cristianos no están exentos de sufrir, pero están equipados para ello con la presencia de Aquel que dijo: «...he aquí yo estoy con vosotros todos los días, hasta el fin del mundo. Amén» (Mateo 28.20).

Ejercicio

Desarrolla tu capacidad para enfrentar el mito del jardín de rosas con este ejercicio:

Lee los siguientes pasajes de la Escritura. Identifica la persona que sufre o las personas que sufren. ¿Por qué sufren? ¿Dios los exentó de su sufrimiento o pena? Si hizo algo, ¿qué fue lo que Dios hizo por ellos?

Hechos 4.1-13,21

Lucas 23.32-43

1 Corintios 6.4-10

2 Corintios 12.7-10

Mitos acerca de la vida y la felicidad

31
El estilo de vida de los
ricos y famosos

¡Este pelador de papas incrustado de diamantes le garantiza felicidad total!

El mito del consumidor

¡No, hombre! Él lo tenía todo. Mi amigo Ricardo dejó la secundaria. No porque no pudiera con ella, sino porque Ricardo sabía ganar mucho dinero sin necesidad de un diploma. Dejó el apestoso salón de clases para irse a un trabajo en una fábrica que pagaba muy buen sueldo para un chico de 16 años.

El trabajo le dio a Ricardo la clase de poder de compra que ya quisiera yo tener para un día de fiestas. Se compró un carro para andar de arriba a abajo. Un jet-sky para «volar» sobre la nieve y hasta una lancha para cruzar el lago como una flecha.

Tengo que reconocer que al principio lo envidiaba. Después, la fábrica lo despidió y su salario se evaporó. Ricardo perdió todo; el jet-sky para la nieve, la lancha y hasta el carro. Lo peor de todo es que su vida se desmoronó y perdió significado. Estaba tan ocupado acumulando posesiones que «tener más y más» se convirtió en el propósito de su vida. No bien había comprado la lancha, cuando ya estaba planeando su próxima compra. Ricardo había entrado a formar parte de los que creen en el mito del consumidor, es decir, la felicidad se obtiene comprando las cosas adecuadas y en cantidades suficientes.

A todos nos «pega» tarde o temprano. Amós, un chico de octavo año, me dijo recientemente que no sabía qué carrera iba a escoger, pero tenía que ser una que le diera mucho dinero, un coche deportivo y un departamento en lo mejor de la ciudad.

La industria de la publicidad existe para promover este mito. La televisión, la radio y las revistas te dicen una y otra vez cuáles son las cosas sin las que no puedes vivir: Calvin Klein, Swatch, La modelo de la portada, Jordache, Sony, Bugle Boy, Pontiac, Tres L.A., Conair, L.A. Gear, Maybelline, grabadoras, reproductoras de discos compactos, videograbadoras y MTV. Los publicistas trabajan duro para convencerte de que tener y obtener ciertas cosas es el camino hacia la felicidad.

Pero ¿cuánto dinero se necesita para ser feliz? ¿Qué clase de auto es el que realmente te llena? Si ahora mismo tuvieras todo lo que desearas, simplemente dirías: «Bueno, lo tengo todo», o ¿comenzarías una nueva lista de deseos?

La espada del Espíritu, la Palabra de Dios, expone el mito del consumidor como la mentira que es. Lucas registró la advertencia de Jesús de: «...Mirad, y guardaos de toda avaricia; porque la vida del hombre no consiste en la abundancia de los bienes que posee» (Lucas 12.15).

Pablo, en su carta a los filipenses, parece un hombre que ya «llegó al máximo». Cualquier cosa que se requiriese para ser feliz, este socio la tenía. Él decía: «Regocijaos en el Señor siempre. Otra vez digo: ¡Regocijaos!» (Filipenses 4.4). No sólo eso, sino que en su breve carta a los cristianos de Filipos menciona «gozo» o «regocijar» 17 veces. Pablo «tenía de todo».

Un momentito. Un vistazo al primer capítulo revela que Pablo estaba en prisión cuando escribió todas esas cosas acerca del gozo y la felicidad (versículos 12-14). Conforme a nuestra manera de ver las cosas, él no tenía nada. No tenía un reloj Swatch, sus pantalones no eran Bugle Boy. Ni siquiera su Walkman. Pero era feliz. Él dice: «No lo digo porque tenga escasez, pues he aprendido a contentarme, cualquiera que sea mi situación. Sé vivir humildemente, y sé tener abundancia; en todo y por todo estoy enseñado, así para estar saciado como para tener hambre, así para tener abundancia como para padecer necesidad. Todo lo puedo en Cristo que me fortalece» (Filipenses 4.11-13).

La felicidad no depende de las posesiones. De hecho, el verdadero gozo es totalmente independiente de las cosas externas. La razón por la que un cristiano puede estar gozoso sin importar pobreza o riqueza, tormentas marítimas o navegación tranquila, es algo interno, una realidad y paz internas que sólo vienen de Jesucristo.

Ejercicio

Desarrolla tu capacidad para enfrentar el mito del consumidor con este ejercicio.

Lee 1 Timoteo 6.9. ¿Qué dice acerca del mito del consumidor?

Lee 1 Timoteo 6.3-5. Pablo habla en estos versículos del hombre que cree que el bien será remunerado financieramente. Pablo contrasta esto con otra actitud en el versículo 6. ¿Qué es lo que dice que será la verdadera «gran ganancia»?

Lee Hebreos 13.5. Este versículo cita una razón para estar contentos con lo que tenemos. ¿Qué es? ¿Qué tiene que ver la presencia de Dios con el estar contentos?

Lee Lucas 6.38. ¿Qué dice Jesús en este versículo acerca de la avaricia? ¿Generosidad? ¿Está hablando acerca de algo más que de dinero? Ahora, haz una lista de lo que crees que necesitas para ser feliz. Sé honesto. ¿Cuánto de ello cuesta dinero?

32
«El labio»
y el ingenioso Dodger

El mito de Leo Durocher

Leo «el Labio» Durocher jugó como *shortstop* para los Dodgers de Brooklyn, los Yankees de Nueva York, para los Rojos de Cincinnati, y para los cardenales de San Luis en las décadas de los treinta y cuarenta. También hizo un buen papel en las Ligas Mayores. Sin embargo, a pesar de sus logros como pelotero, Durocher es quizás más famoso por su temperamento felino y la filosofía que usaba para justificar su comportamiento: «Los tipos buena gente nunca ganan».

El feroz Durocher pataleó, gruñó y arañó su camino ganando tres campeonatos de las ligas nacionales como manager. Sus equipos continuamente reflejaban su temperamento. Él creía que si una persona quería ganar, tenía que patear, arañar, morder, pellizcar, pegar y lastimar.

Pero eso es un mito. El mito de Leo Durocher. También se le puede llamar el mito de J. R. Ewing de la serie *Dallas*. De cualquier forma que lo veas, es simplemente un mito.

Orel Leonard Hershiser IV fue el pitcher estrella del campeonato mundial de 1988 de los Dodgers de Los Ángeles. Orel ganó 23 juegos durante la temporada normal ese año y estableció el récord de lanzar 59 entradas seguidas sin permitir una carrera, para terminar la temporada de 1988. No sólo eso, sino que también ganó el título de «Jugador más valioso» para la liga de campeones contra los Mets de Nueva York y la victoria en la serie mundial de los Dodgers sobre los Atléticos de Oakland. Además, por voto unánime le dieron el premio «Cy Young» como el mejor pitcher de la Liga Nacional.

Orel era muy buena gente y además, cristiano. Después de establecer el récord por lanzar las 59 entradas sin permitir anotación, se arrodilló en el montículo en agradecimiento a Dios. En el vestidor, después del juego final de la Serie Mundial, le dijo a un reportero que había cantado himnos para sí mismo a fin de calmarse y mantener la concentración. Esa noche Orel dio su testimonio en la televisión nacional diciendo: «Este no es un programa religioso, pero yo quiero dar gracias a Dios». A pesar de que Hershiser sufrió una lesión en el hombro la siguiente temporada, sus logros en el béisbol permanecen en los libros de récords como testimonio de su talento y arduo trabajo.

Si la gente buena nunca gana, ¿cómo fue que Orel llegó a la cima?

La Espada del Espíritu, la Biblia, expone el mito de Durocher como la mentira que es.

El mito de Leo Durocher dice: «Los tipos buena gente nunca ganan». La Biblia dice: «Bienaventurados los mansos, porque ellos recibirán la tierra por heredad» (Mateo 5.5).

El mito de Leo Durocher dice: «Pelea y patalea hasta llegar a la cima». La Palabra de Dios dice: «Humillaos delante del Señor, y Él os exaltará» (Santiago 4.10).

El mito de Leo Durocher dice: «Tienes que llegar a la cima aunque tengas que aplastar a todo el que se te atraviese». La Espada del Espíritu dice: «...Dios resiste a los soberbios, y da gracia a los humildes» (Santiago 4.6).

El mito de Leo Durocher dice: «Tú eres lo más importante. Tú eres el número uno. Primero eres tú, después tú y luego tú». Jesús dice: «Porque cualquiera que se enaltece, será humillado; y el que se humilla, será enaltecido» (Lucas 14.11).

Algunas veces los buenos terminan último, pero algunas veces los que no son tan buenos terminan al final también. Durocher terminó tres veces en primer lugar en su carrera como manager de las grandes ligas. Veintiún veces no lo logró. Su equipo terminó en último lugar en una ocasión.

Pero algunas veces, como en el caso de Orel Hershiser, una persona buena, trabajadora, perseverante, determinada y humilde, recibe el primer lugar. Cuando eso sucede, la satisfacción se incrementa porque fue logrado de la mejor manera posible.

Ejercicio

Desarrolla tu capacidad para enfrentar el mito de Leo Durocher con este ejercicio:

Lee Génesis 39.1-6. José entró a Egipto como esclavo, y se convirtió en un importante oficial en la casa de Potifar el egipcio (y después ascendió más alto hasta ser el segundo después del faraón mismo). ¿Qué hizo José para llegar a la cima?

Lee 2 Samuel 1.1-12. Aquí nos habla del hecho que llevó a David a convertirse en rey de Israel. ¿Cómo se sentía cuando finalmente llegó a la cima?

Lee Lucas 14.7-11. La parábola de Jesús no sólo muestra gran sabiduría sino también sentido común. ¿Cómo puedes parafrasear el mensaje de esta parábola?

33
Un mundo sin filomáticos, brabucones ni sesos huecos

El mito de los fariseos

L os encontrarás caminando por los pasillos de las escuelas secundarias en toda la América y en algunas grandes ciudades del mundo. Bobalicones, guapetones, presumidos. Los nombres cambian (dependiendo de dónde te encuentres), pero la idea es más o menos la misma. Están los «buenos» y los «malos». Cuídate de no asociarte con quien no debes.

La siguiente lista de referencias rápidas te ayudarán a distinguir entre los «buenos» y los «malos»:

Cerebrito, quemado, coco, filomático: Estrafalario, no combina la ropa (es decir: rayas con cuadros). Muchachos que usan corbatas de lazo con pantalones brinca-charcos. Bolsillos con protectores. Le gusta mucho las matemáticas y las ciencias en general.

Busca pleitos, brabucón, guerrillero: Tipo militar. Las armas de fuego le fascinan. Está loco porque empiece la próxima guerra. Viste ropa con tela de camuflage. Se pasa viendo programas repetidos de televisión como *Combate*, *Mash* y otros de patrulleros.

Motorizado, carromaniático: Siempre se refiere a sus carros diciendo «mi joya», como por ejemplo: En 8 segundos mi joya se monta en 60. Habla en números (¿Sí? Pues mira, mi joya tiene un motor 454 debajo del capote).

Maromero, atlético: El típico deportista que hace piruetas en el campo deportivo. Se aprende de memoria los libros de planes para jugadas y cita estadísticas olímpicas como si fuera una computadora. Fuera de los deportes no es más que un topo.

Por supuesto, muchos otros se podrían catalogar como: seso hueco, cabeza de chorlito, petrimetre (presumido), «empastillaos», drogui, fanático religioso, etc. El punto es que hay gente con la que no te importa que te vean y hay otras que ni muerto quieres que te vean. El razonamiento es este: Si ven que eres amigo de un «filomático», creerán algunos que se te pegó lo de filomático. O por lo menos alguna gente te va a asociar con ellos. Y tú no lo podrías soportar. ¿O sí?

Jesús tenía el mismo problema. Él era un maestro. Había ciertas personas con las cuales los maestros o rabinos se codeaban; básicamente era con otros maestros: «Personas extremadamente religiosas». Los fariseos, especialmente, tenían unas reglas muy estrictas en cuanto a con quién reunirse o no. Pero Jesús rompió esas reglas. Se asoció con gente no muy buena. Comió con cobradores de impuestos. Tocó a leprosos. Habló con una mujer samaritana.

Como resultado, ridiculizaron y criticaron a Jesús. Pero, Él estaba tan en desacuerdo con este mito de los fariseos que le llamaron «comilón y bebedor de vino, amigo de publicanos y de pecadores» (Lucas 7.34).

Sin embargo, a Jesús no le afectaron esos comentarios. Al final resultó que la mayoría de sus amigos más fieles pertenecían al grupo de los equivocados. Mateo, un cobrador de impuestos, estaba entre sus doce discípulos más allegados. El limosnero ciego, a quien Jesús sanó valientemente, testificó de Jesús frente a los fariseos. Y María Magdalena, de quien Jesús sacó siete demonios, fue una de las pocas personas que no abandonaron a Jesús durante el largo proceso de la crucifixión.

¿Quién sabe? Quizás un amigo está esperando a que lo descubras entre los filomáticos, brabucones o carromaniáticos. Claro, quizás te cueste algo, pero también tendrás una recompensa.

Después de todo, Jesús te dijo: «... os he llamado amigos... No me elegisteis vosotros a mí, sino que yo os elegí a vosotros, y os he puesto para que vayáis y llevéis fruto, y vuestro fruto permanezca; para que todo lo que pidiereis al Padre en mi nombre, Él os lo dé. Esto os mando: Que os améis unos a otros» (Juan 15.15-17).

Ejercicio

Desarrolla tu capacidad para enfrentar el mito de los fariseos con este ejercicio:

Los Evangelios describen a Jesús como una persona popular y un invitado especial. Lee las siguientes porciones de la Escritura y anota a las personas que eran sus amigos.

Mateo 9.9-13

Marcos 14.3

Lucas 7.36

Lee Lucas 19.1-10. Aunque Jesús no rechazó a los «publicanos» y «pecadores», tampoco aprobó su comportamiento. En el encuentro de Jesús con Zaqueo, ¿quién influyó en quién? ¿Cómo se aplica esto a ti y a tu situación?

34
Los hombres siempre serán hombres

El mito de la hombría

Créanme, las conversaciones de los chicos en el vestidor de la secundaria, no son normalmente la clase de conversaciones que quisieras que tu mamá escuche.

El «filomático» te pega con la toalla diciendo:

—Oye, Juan, ¡qué onda! ¿Cómo te fue el viernes en la noche con Andrea?

El tipo de al lado te pega un codazo en las costillas:

—¿Qué onda, te sacaste la lotería?

—Es que la «jeva» (verdad) está guapísima —te dice otro.

—¿Y qué te dio para desayunar al otro día?

Seguido por carcajadas, gestos, cotorreos y comentarios cavernarios como, «guuaooo», «azúúúcar», «mi reina», «mamacita» y otros que es mejor ni mencionarlos.

Pero muchos jóvenes conocen la presión de estas situaciones. Aunque no digas ni hagas nada, tienes que dar la impresión de que lo hiciste, de que te las sabes «todas», y de que, por supuesto, tuviste relaciones sexuales. Si no, eres un «marica». El sexo es como un rito de iniciación. No eres un hombre hasta que hayas tenido relaciones sexuales.

Eso es un mito. Es una mentira del diablo.

Como lo he dicho a miles de jóvenes en la campaña nacional «¿Por qué esperar?» a través de los Estados Unidos: ¿Qué tiene que ver el sexo con ser un hombre? Un niño de doce años puede tener relaciones sexuales, pero se necesita ser un verdadero hombre para decir que no.

Se necesitan agallas para pararse y decir: «Mira, ahora no quiero involucrarme sexualmente. La virginidad es algo para sentirse orgulloso, no algo de qué avergonzarse».

Tener relaciones sexuales es relativamente fácil. No se necesita madurez o fuerza de voluntad. Pero, pararse, enfrentar a la multitud y resistir a solas la corriente es difícil. Se necesita tener agallas, carácter y fortaleza para hacerlo.

A lo mejor no te has dado cuenta, pero la Biblia narra algunas historias muy claras acerca de la tentación sexual y el pecado. Una de ellas involucra a José.

José trabajaba para un oficial egipcio llamado Potifar. La Biblia es muy clara cuando dice: «José era de hermoso semblante y bella presencia, y aconteció después de esto, que la mujer de su amo puso sus ojos en José y le dijo: duerme conmigo».

Muy fácilmente José pudo dejarse seducir. Y quizás irse después al vestidor y presumir de su conquista. Era su oportunidad de probarse a sí mismo que era «un hombre».

Pero la Biblia narra que él dijo «no» más de una vez, y acabó en la cárcel como resultado de decir que no, cada vez que la esposa de Potifar le «tiraba la onda». Pero José tenía fortaleza, agallas y carácter. José era todo un hombre.

Se necesita ser un hombre así para decir que no a la presión. Se necesita ser hombre para seguir lo que nos dicta la conciencia. Se necesita ser hombre para rechazar y no conformarnos con la multitud. Se necesita ser hombre para decir no.

Ejercicio

Desarrolla tu capacidad para enfrentar el mito de la hombría con este ejercicio:

Lee Génesis 39.1-9. José tuvo la oportunidad de irse a la cama con la esposa de Potifar. ¿Cual fue su respuesta? (versículo 8) Él dio dos explicaciones para su decisión (versículos 8-9). ¿Cuáles fueron sus razones?

Lee Génesis 39.10. ¿Con cuánta frequencia tuvo José que enfrentarse a la tentación? (versículo 10) ¿Cómo trató de evitarla? (versículo 10)

Lee Génesis 39.11-23. ¿Cómo respondió José cuando se encontró solo con la esposa de Potifar y ella lo tentó? (versículo

12) Aun así José fue castigado como resultado de su virtud, pero ¿qué bendición recibió por no pecar contra Dios? (versículos 20-23)

35
El viejito
de la esquina

El mito del egoísmo

«¡**O**ye, imbécil! ¡No me importa cómo lo tengas que hacer, pero me vas a entregar esas gráficas y estadísticas EN ESTE INSTANTE!»

Raquel Townsend tiró el teléfono no sin antes adornarle el nombre de su secretaria con adjetivos obscenos. Las paredes de madera y el lujo de su oficina eran testigos de su posición e importancia. El título del libro sobre su escritorio reflejaba su actitud: *Cómo ser el número uno*. Raquel había ascendido rápidamente en su compañía promoviéndose rudamente a sí misma, y velando por sus propios intereses sin importarle los demás. No le preocupaba que había tenido que aplastar a otros para llegar hasta donde estaba. No sabía lo que era la modestia y además se daba importancia.

Cuando su secretaria entró a la oficina, Raquel comenzó a gritar órdenes.

«Trae acá al estúpido de Patterson. Y dile a Rebeca que deje lo que está haciendo para ese fulano, y empiece a archivar mis trabajos».

Se contuvo… en la mirada de la secretaria había algo que la hizo detenerse.

«Su hija, Lorena», dijo la secretaria, «desapareció del patio».

Raquel agarró el teléfono. Y comenzó a disparar preguntas como si fuera una ametralladora. Finalmente colgó el teléfono y le «ladró» a su secretaria: «Habla con mi ex-esposo y dile que se vaya para la casa inmediatamente».

Raquel salió como un tiro, se metió en su BMW y salió a la calle. Pitando, corriendo y sin dar rodeos se dirigió hacia su casa. *Si algo le pasa, me mato.* Pasó una luz roja. *¿Qué pasa si no la encuentro? Necesitaré ayuda. Pero ¿quién me va a ayudar?* el pensamiento la aterró. *¿Quién me va a ayudar?*

Raquel reconocía que como siempre había sido el centro de su universo, no tenía a nadie que la ayudara, nadie a quien pedirle ayuda. *Creí que nunca necesitaría de nadie. Siempre he actuado como si no existiera nadie más que yo.*

Ya casi llegaba. Bajó la velocidad conforme se aproximaba a la intersección y vio a un policía dirigiendo el tránsito. Al tocarle el alto, furiosamente hizo erupción como volcán hasta que se dio cuenta de que era el policía que por años ayudaba a los niños a cruzar la calle y dirigía a los autos. Para Raquel, siempre había sido un ancianito insignificante, pero ahora la obligaba a frenar violentamente y a perder un tiempo muy valioso. Abrió su boca lista para maldecirlo, cuando se dio cuenta de que tenía una niña en sus brazos. Su niña... Lorena.

Raquel abrió la puerta y corrió histéricamente hacia el hombre. Agarró a su sonriente niña de tres años y la abrazó llena de gratitud. Raquel, la ejecutiva, se sintió raramente pequeña.

De pronto, el hombre era importante.

Raquel Townsend ejemplifica el egoísta, una persona que piensa que él o ella es el centro del universo. Un egoísta se pone a sí mismo antes que a nadie más. El egoísta piensa que los demás no tienen importancia y que, siempre y cuando obtenga lo que quiera de la vida, estará contento.

Pero esto es un mito.

La gente que sigue ese rumbo puede terminar con mucho poder y con mucho dinero, pero también amargados y solos. Jesús enseñó que cada uno de nosotros, aun los niños más pequeños, son de inmensa importancia a los ojos de Dios. Reconocer el valor de aquellos que están a nuestro alrededor nos ayudará a incrementar nuestra felicidad, no a disminuirla.

Jesús reitera el mandamiento: «Ama a tu prójimo como a ti mismo». No menos que a ti. No más que a ti. «Ama a tu prójimo como a ti mismo».

El poeta Jon Donne dijo algo similar cuando escribió:

Ningún hombre es una isla, aislado de los demás;
todo hombre es parte del continente,
una porción de lo principal...

La muerte de cualquier hombre me hace disminuir,
porque soy parte de la humanidad;
por lo tanto, nunca preguntes por quién repican
las campanas...
repican por todos.

Dios no te hizo el centro del universo. Pero Él quiere estar
en el centro de tu vida.

Ejercicio

Desarrolla tu capacidad para enfrentar el mito del egoísmo
con este ejercicio:

Cada uno de los siguientes pasajes de la Escritura identifica
a un egoísta. Contesta estas dos preguntas sobre cada una de
esas personas. ¿Quién es o quiénes son los egoístas? ¿Cómo
acaba esa persona?

2 Samuel 15.1-12; 18.17

1 Reyes 1.5-6, 42-53

Isaías 14.3-4, 12-15

Mateo 20.20-28

36
La bella es la bestia

El mito de la modelo

C atherine es tan hermosa que parece una modelo sacada de las páginas de una revista *Vogue* o *Cosmopolitan*. Con su esbelta figura es ideal para vestir un traje de noche. Su elegancia y encanto la harían una persona muy agradable en las fiestas de alcurnia. Y entonces, ¿qué está haciendo en la alcantarilla?

Catherine (Linda Hamilton), de la pasada serie de televisión «La Bella y la Bestia», frecuentaba los túneles abandonados del metro subterráneo donde vivía Vincent, hombre-bestia actuado por Ron Perlmann. Sí, ya sé que es una vieja historia con un nuevo giro. Lo que quiero saber es, ¿qué le ve ella a él?

Es decir. Aquí está una guapísima chica, sacada de una portada de revista, y enamorada y de un tipo que parece un león y vive en el subterráneo. ¡Qué onda!

Claro, esta es la trama de la serie. Catherine siente atracción por Vincent no por su apariencia física, sino a pesar de ella. Está enamorada del hombre que existe tras esa apariencia. Lo ama por su sensibilidad y compasión... y quizás por su voz cautivante. Parte del encanto de la serie es que ese amor es muy raro y muy poco común.

Eso se debe a que muchos de nosotros hemos entrado a la onda del mito de la modelo. Llegamos a creer que el físico lo es todo, que si una chica no luce como Elle McPherson o un chico no es como Patrick Swayze, entonces no son atractivos.

Pero eso es un mito.

Constantemente la televisión, revistas, películas y videos nos llenan la cabeza con esta imagen prefabricada de lo que es bonito y de lo que no lo es. La máquina de los medios también nos presenta la idea de que belleza es igual a felicidad. Ahora entiéndanme esto. No quiere decir que los cristianos estén obligados a ser feos. Pero no estamos obligados a vernos como los modelos de los comerciales de «Jordache» o de «Soloflex». Necesitamos entender que la belleza es mucho más que tener una figura bonita, un atractivo físico, grandes bíceps y ojos azules. La belleza es el resultado de las actitudes y disposiciones de una persona. Dios escogió a David para ser rey de Israel, no por su apariencia física y atributos: «...porque Jehová no mira lo que mira el hombre», dice la Biblia, «pues el hombre mira lo que está delante de sus ojos, pero Jehová mira el corazón» (1 Samuel 16.7).

Muchas veces, la belleza, como el mundo la define, no es una bendición. Tan increíble como parezca, algunas veces la belleza es la bestia que lleva a una chica a la depresión o la bestia que le roba a un chico su autoestima. Hay mucha gente «hermosa» que está sola, insegura y vacía.

La verdad es que, si está buscando la felicidad en el color de tu cabello o en tu ropa, vas a estar totalmente desilusionado. La ropa es importante, pero hay que aprender a ver más allá del reflejo del espejo. El que una persona te caiga bien o no, debe ir mucho más allá de lo que puedes ver físicamente en esa persona.

Ejercicio

Desarrolla tu capacidad para enfrentar el mito de la modelo con este ejercicio:

Constantemente la Biblia dice lo que nos lleva hacia la felicidad. Lee los siguientes versículos y anota las llaves a la felicidad que se mencionan. Anótalas en los espacios provistos. Después marca los que dependen de características físicas.

❏   Salmo 144.15 _____

❏   Salmo 32.1 _____

☐ Proverbios 3.13 _____

☐ Proverbios 14.21 _____

☐ Proverbios 16.20 _____

☐ Lucas 11.28 _____

☐ 1 Pedro 3.14 _____

☐ Proverbios 14.21 _____

37
Todo el mundo lo hace

El mito del conformista

—Vamos, mamá, sé razonable —suplicó Andrea—, no habrán drogas ni nada de eso. Es sólo una fiesta.

—No irás a la fiesta en casa de Carlos, ni a ninguna otra casa, si no hay adultos presentes de chaperones.

—No puedo creer que me hagas esto —dijo Andrea—. Todo el mundo va a estar ahí. Yo voy a ser la única a la que su mamá no deja ir.

Andrea no le volvió a hablar a su mamá durante todo el fin de semana. *Todo el mundo va a esa clase de fiestas hoy en día,* ella razonó, *no es como cuando tú y papá eran jóvenes.*

El lunes por la mañana en la escuela Andrea se sorprendió cuando se enteró que Julia tampoco había ido a la fiesta de Carlos.

—Mis padres no me dejaron —confesó Julia—. Tampoco Cindy fue.

Andrea suponía que todo el mundo estaría en la fiesta de Carlos sin chaperones. Aún no estaba muy contenta con su mamá, pero se sintió mucho mejor con las razones que le dio.

Andrea aceptó una creencia común: La idea de «todo el mundo lo hace».

Pero esto es un mito.

No todo el mundo lo hace. Algunas veces parece así, pero una persona joven y perceptiva descubrirá que mucho menos gente de lo que la mayoría cree «lo está haciendo».

No todo el mundo tiene relaciones sexuales antes del matrimonio. Mis investigaciones indican que más del 50% de los jóvenes cristianos no lo hacen. Eso es un porcentaje significativo.

No todo el mundo fuma. Algunas estadísticas indican que 80% de la juventud de hoy en día no fuma.

No todo el mundo toma. Varios estudios indican que

alrededor del 30% de los estudiantes de secundaria no utilizan alcohol y que casi 10% nunca lo ha probado.

No todo el mundo usa drogas. El Instituto de Investigaciones Sociales de la Universidad de Michigan reportó una baja sorprendente en el uso de cocaína y otras drogas por parte de los jóvenes. Más del 40% de los jóvenes norteamericanos rechazan las drogas ilícitas hasta su graduación de la secundaria.

No todo el mundo está perdiendo su fe. Una investigación con 2.000 jóvenes demuestra que 61% habla de la religión como una de las partes más importantes de sus vidas.

Muchas veces los jóvenes usan la mentira de que todo el mundo lo hace para manipular a sus amigos y compañeros para que estos se conformen con el resto de la multitud. No creas el mito del conformista. No todo el mundo lo «hace». Un gran porcentaje de jóvenes saben cómo decir «no». Y lo están haciendo cada vez más y más.

Ejercicio

Desarrolla tu capacidad para enfrentar el mito del conformista con este ejercicio. Confecciona una lista de jóvenes que conozcas que no lo están «haciendo», en los espacios a continuación, (ten la libertad de incluir el nombre más importante: el tuyo).

Entre 30 ó 40% de jóvenes que no están teniendo relaciones sexuales antes del matrinonio están: _____

_____

_____

Dentro del 80% que no fuman: _____

_____

_____

Dentro del 30% que no toman alcohol: _____

_____

_____

Dentro del 40% que no utilizan drogas: _____

_____

_____

Dentro del 61% que consideran su fe una de las cosas más
importante de su vida: _____

_____

_____

38
Sexo no es
una mala palabra

El mito del puritano

Una de las razones de la popularidad del personaje de la *Church Lady* [Señora de iglesia] de Dana Carvey (que se hizo famosa en la serie norteamericana «Saturday Night Live»), es que ella refleja cómo mucha gente ve al cristianismo. La actitud hipócrita y puritana de esta señora en su vestido a media pierna y su moño, ejemplifica cómo muchos cristianos ven el sexo como una mala palabra. En la mente de muchos, aquellos que siguen a Jesús creen en un Dios que condena el sexo y la sexualidad.

Eso es un mito.

Sexo no es una mala palabra. No está mal ni es pecado, ni es algo de qué avergonzarse.

Dios no odia el sexo. ¡Él fue quien lo inventó! Él fue quien lo comenzó todo. El relato del Génesis dice: «Y creó Dios al hombre a su imagen, a imagen de Dios lo creó; varón y hembra los creó» (Génesis 1.27). Él creó al hombre y a la mujer con órganos sexuales, con una sexualidad y una sensualidad natural. Dios vio a estas criaturas sexuales. La Biblia dice: «Y vio Dios todo lo que había hecho, y he aquí que era bueno en gran manera...» (Génesis 1.31).

Desde un principio el sexo ha sido parte del plan de Dios. Cuando Él le dijo al hombre y a la mujer: «Fructificad y multiplicaos; llenad la tierra...», quizo decir que lo obedecieran a través de la actividad sexual.

La Biblia contiene algunos relatos muy claros acerca de la sexualidad. Los cantares de Salomón, por supuesto, son un poema de amor con un lenguaje que espantaría a la «señora de iglesia». El apóstol Pablo dio consejos en el área sexual para las parejas de la iglesia de Corinto. Sin embargo, la Escritura es muy franca al decir que el sexo es para deleite entre marido y mujer. «Honroso sea en todos el matrimonio, y el lecho sin mancilla; pero a los fornicarios y a los adúlteros los juzgará Dios» (Hebreos 13.4).

Dios creó el sexo; pero el hombre es quien lo sacó del matrimonio, rompiendo con el pacto y corrompiéndolo. Dios pretendió desde el principio que el sexo fuera una experiencia emocionante y satisfactoria entre hombre y mujer, totalmente rendidos el uno al otro para disfrute y deleite de la sexualidad del uno y del otro. Fue el hombre quien pervirtió este don de Dios.

Cuando Dios dice: «No cometerás adulterio», o inmoralidad sexual, no lo hace porque sea un aguafiestas cósmico, sino porque es un Padre celestial amoroso lleno de gozo. Dios quiere protegerte de la desconfianza o la sospecha, y proveer para ti uno de los factores más importantes para la culminación del matrimonio y de las relaciones sexuales: la confianza.

Él quiere protegernos del temor de las enfermedades trasmitidas sexualmente y proveernos de una paz mental en el área sexual cuando entremos al matrimonio.

Él quiere protegernos de las malas relaciones que se mantienen artificialmente y que a veces llevan al fracaso del matrimonio.

Por último, Él quiere proteger nuestra virginidad, para brindarnos uno de los más grandes dones de amor que una persona puede presentar a su compañero o compañera en su noche de bodas.

Ejercicio

Desarrolla tu capacidad para enfrentar el mito del puritano con este ejercicio:

Lee Proverbios 5.1-23. Nota el contraste que el sabio escritor ofrece entre el sexo ilícito y la recompensa del sexo dentro del matrimonio. Observa particularmente, en los versículos 18 y 19, el punto de vista del sexo entre marido y mujer.

Lee la lírica sensual de Cantares 3-5. Este poema de amor habla del placer sexual que Dios le da al hombre a través de su esposa, y a la mujer a través de su esposo.

39
De zapatos, barcos, conchas, cangrejos y otras cosas

El mito anarquista

German, el cangrejo, corrió por el fondo del mar para meterse bajo la roca familiar.

—¡Quiero ser libre! —le gritó a su padre—. ¡No sé cómo esperan que lleve puesta esta estúpida concha las veinticuatro horas del día! ¡No va con mi estilo, además, me limita! ¡Algunos de mis compañeros de grupo van a empezar una protesta anticoncha, y creo que me les voy a unir!

Su padre Alfredo, el cangrejo, inhaló profundamente y puso una de sus pesadas tenazas sobre el hombro de Germán (los cangrejos tienen hombros, aunque sólo otros cangrejos saben dónde termina el hombro y comienza la espalda). Germán suspiró impacientemente.

—Hijo, déjame contarte una historia —le dijo su papá.

—Papi, no otra vez...

—Es acerca de Horacio, el humano, que insistía en ir a la escuela descalzo. Él se quejaba de que sus zapatos lo limitaban, que no iban con su estilo. Añoraba estar libre para andar descalzo sobre el pasto y las flores, y a través de los campos y arroyos. Finalmente, su mamá se lo concedió. Salió de la casa y adivina lo que sucedió.

Germán abrió su boca, pero su papá continuó antes de que él pudiera responder.

—Horacio, el humano, se paró sobre un vidrio roto de botella. Y tuvieron que darle 20 puntos en el pie y otro humano salió con su novia en la graduación.

—Esa es una historia muy tonta, papá.

—Quizás, hijo, pero el punto es que en alguna época de su vida todo cangrejo se ha sentido así. Pensando que la vida sería mucho mejor si estuvieran totalmente libres de la concha. Pero eso es como si un marino estuviera cansado de estar limitado al barco y quisiera la libertad para saltar en el mar. Él puede creer que eso es libertad, pero si no regresa al barco o a la orilla, pronto se ahogará y ¿qué clase de libertad es esa?

Germán pensó en las palabras de su padre.

—Pronto vas a valorar tu concha, hijo —le dijo al pequeño cangrejo—. Al crecer todo cangrejo cambia de concha. Cuando eso suceda, estarás más vulnerable que en cualquier otra etapa de tu vida, hasta que la nueva concha se ponga dura como esta. Deberás tener mucho más cuidado y estar más alerta que nunca. Vas a estar mucho menos libre sin la concha que con ella.

—Qué chistoso papá, nunca lo pensé de esa manera. ¿Quieres decir que muchas veces algo que parece limitar nuestra libertad en realidad hace que tengamos más libertad?

—Así es —dijo su papá—. ¿Qué haces para ser tan inteligente hijo?

Ejercicio

Desarrolla tu capacidad para enfrentar el mito del anarquista con este ejercicio:

Mucha gente considera los Diez Mandamientos y las enseñanzas de Jesús como limitantes y restrictivas. Sin embargo, en realidad hacen que la verdadera libertad sea posible para los que la siguen.

Lee Éxodo 20.1-17. ¿Qué clase de libertad puede ser el resultado de obedecer los Diez Mandamientos? (Por ejemplo, obedecer el sexto mandamiento puede proveer libertad de enfermedades trasmitidas por relaciones sexuales.) Anota tus respuestas en los siguientes renglones: _____

_____

_____

Lee Mateo 5.1-12. ¿Qué libertades pueden resultar de seguir las enseñanzas de Jesús en estos versículos? _____

_____

_____

_____

Lee Juan 8.36. Escribe este versículo a continuación: _____

_____

_____

_____

_____

40
Estrellas en los ojos

El mito del amor
a primera vista

«**A**hí estaba yo, en medio de un montón de chicos en el vestidor el primer día de clases, hablando de... bueno, tú sabes, las cosas que los chicos hablan. De pronto, ella entró.

»En el segundo en que la vi entrar en esa escuela sabía que era la chica para mí... la chica perfecta. Su pelo rubio le caía en cascada sobre sus hombros; sus ojos, como dos luceros, dándole luz a los míos. Bronceada como si acabara de regresar de la playa. Una figura que podía convertir a alguien de 17 años como yo, en un tonto tartamudo.

»Me enamoré. Amor a primera vista, ¿no? Bueno, por lo menos así fue para mí. Me llevó un poco de tiempo, pero al final logré conseguir una cita con el amor personificado. Después de eso las cosas suceden como deben pasar. Nos casamos, tuvimos hijos y vivimos felices para siempre».

Ahhh, así es lo que ocurre. Verdadero amor. Amor a primera vista. Algunas veces puedes ver a una chica o un chico y «saber» que has encontrado tu amor o tu compañero o compañera para toda la vida.

Eso es un mito o quizás suceda una vez de un millón. Pero es peligroso pensar que eso ejemplifica el verdadero amor.

Pensamos en el amor, principalmente, como un sentimiento, como una descarga de emoción, cosquilleos en el estómago, estrellas en los ojos. Pero la Biblia habla del amor como acción y no simplemente como un sentimiento, sino como algo que se forma.

Mucha gente se imagina el amor como el Nuevo Mundo que descubrió Colón. Algo que no estaba buscando, sino que su aparición es repentina y ¡ahí está! Por el contrario, el amor es mucho más que una flor en un jardín con un jardinero. Tú plantas la semilla y la riegas, la nutres, le quitas las hierbas malas que pueda tener a su alrededor, le echas más agua, y después de días, semanas y meses, florece. Y sigue creciendo y floreciendo, siempre y cuando la riegues y la alimentes.

No entender esto puede ser una de las causas por las que tantas relaciones fracacen: Porque nadie está preparado para trabajar en el amor. Nadie cree que uno necesite regar la semilla. Nadie está preparado para las tormentas y demás cosas que pueden venir sobre la semilla. Nadie está dispuesto a abonar la tierra. Y como resultado, son pocos los que disfrutan de la flor total del amor.

El apóstol Pablo enfatiza la naturaleza activa del amor cuando dice: «Maridos, amad a vuestras mujeres, así como Cristo amó a la Iglesia...» ¿Cómo amó Cristo a la Iglesia? «[Él] Se entregó a sí mismo por ella... Así también los maridos deben amar a sus mujeres como a sus mismos cuerpos. El que ama a su mujer, a sí mismo se ama. Porque nadie aborreció jamás a su propia carne, sino que la sustenta y la cuida, como también Cristo a la Iglesia» (Efesios 5.25-25,28-29).

Quizás sigas sintiendo esa descarga de atracción cuando entra la rubia bronceada. Y tal vez sientas que te vas a desmayar ante el capitán del equipo de fútbol. Pero eso no es amor, es emoción. No es lo mismo que amar a alguien activamente y ver cómo el amor crece y florece de la misma forma que una flor fragante.

Ejercicio

Desarrolla tu capacidad para enfrentar el mito del amor a primera vista con este ejercicio:

Lee 1 Corintios 13, el famoso capítulo de Pablo sobre el amor. Escribe, en los espacios correspondientes, las características que el apóstol Pablo señala con relación al amor:

El amor es _____ ,

Es _____ (versículo 4)

Todo lo _____ ,

Todo lo _____ ,

Todo lo _____ ,

Todo lo _____ (versículo 7)

El amor no tiene _____ ,

El amor no es _____ ,

No se _____ (versículo 4)

No es _____

No busca _____

No se _____

No guarda _____ (versículo 5)

No se goza de _____

Mas se goza de _____ (versículo 6)

El amor nunca _____ (versículo 8)

Analiza tu lista. ¿Cuántas de las características del amor son sentimientos? ¿Cuántas son acciones?

41
Salvación
de autoservicio

El mito humanista

Carlos y Natán se pararon frente a una mesa llena de libros en el centro comercial. El hombre y la mujer sentados tras la mesa sonrieron amablemente a los chicos.

—Si los puedo servir en algo, nada más díganme —dijo el hombre.

Algunos de los materiales eran gratis, como el folleto que aseguraba plenamente que «Jesús nunca existió». Otros tenían un precio, pero los temas como la paz mundial, educación, y separación de la Iglesia y el Estado sonaban muy bien.

—Mira este —dijo Carlos sosteniendo un libro grueso titulado «Guía bíblica de Isaac Asimov»—. Yo he escuchado de este tipo.

—Sí —el hombre se levantó y se apoyó sobre la mesa—. Este es un libro excelente. No sólo revela hechos poco conocidos acerca del diluvio y la división del Mar Rojo, sino que dice muchas cosas que la Biblia no narra. Demuestra cómo los mitos e historias bíblicos son parte de la historia completa del hombre.

—Uh-huh —Natán negó con la cabeza viendo al hombre, tomó el libro de las manos de Carlos, lo puso en la mesa y dijo—: Vámonos.

—¿Qué te pasa? —preguntó Carlos después que habían caminado unos cuantos pasos—. ¿Por qué tanta prisa por irnos de la mesa?

Natán encogió los hombros.

—No sé. Algo no estaba bien.

La reacción de Natán fue sabia, él se había topado con el Humanismo Secular, una filosofía que muchas veces es difícil de reconocer, pero que es antagónica a la Biblia, el cristianismo y la Iglesia.

Los humanistas creen que el mundo sólo se puede salvar

por la humanidad. Razonan que Dios no puede salvar al hombre porque Él no existe, y que la religión no puede salvar al hombre porque la religión es una mentira. También aseguran que la humanidad no debe buscar en el cielo la paz y la plenitud, sino que lo debe hacer en sí misma.

Los humanistas creen que la única esperanza para la total plenitud personal y un mundo mejor es desechando todos los pensamientos religiosos y poniendo «la fe absoluta en que nada salva al yo o a la conciencia del yo, excepto uno mismo».

Creen sinceramente que el hombre es capaz de liberarse a sí mismo y a este mundo de todo mal sin la ayuda de Dios.

Eso es un mito.

La historia de la humanidad ilustra adecuadamente que, con todo el progreso tecnológico, la raza humana no se vuelve más benévola y buena. La humanidad no se encuentra en perfecta paz ni ha eliminado la guerra. El hombre no está resolviendo bien sus problemas por sí mismo. Las evidencias de este siglo (dos Guerras Mundiales, Hitler, Stalin, el KKK, la proliferación de armas nucleares, refugiados de guerra y rehenes, hambre y opresión) indican que la esperanza puesta sólo en la humanidad es una esperanza fuera de lugar.

Por supuesto que debemos luchar para eliminar la guerra y el hambre, y debemos luchar contra las enfermedades y la injusticia. Pero la humanidad no se puede salvar a sí misma. La Biblia dice: «En ningún otro hay salvación; porque no hay otro nombre bajo el cielo, dado a los hombres, en que podamos ser salvos» (Hechos 4.12).

El humanista no estará más cerca de la salvación en el año 2.000, que aquellos del siglo I a los que Pablo escribe, que: «...cambiaron la verdad de Dios por la mentira, honrando y dando culto a las criaturas antes que al Creador, el cual es bendito por los siglos. Amén» (Romanos 1.25).

Ejercicio

Desarrolla tu capacidad para enfrentar el mito del humanista con este ejercicio:

Lee Jeremías 16.20-21. ¿Cómo se aplican estos versículos al mito humanista?

Lee Salmos 36.1-2. ¿Se aplican estas palabras al mito humanista? ¿Cómo?

Lee Salmos 37.39. ¿Cuál es la perspectiva en este versículo acerca de la idea humanista de que el hombre se puede liberar a sí mismo?

Lee Salmos 62.1-2. ¿Cuál es el significado de la palabra «solamente» en estos versículos? ¿Por qué se repite? Lee estos versículos otra vez enfatizando la palabra «mi», cada vez que la leas.

Lee 1 Corintios 3.11. ¿Cuál es la perspectiva que este versículo ofrece con relación al humanismo?

42
No hay otro lugar como el hogar

El mito de que el cielo
es un lugar en la tierra

Belinda Carlisle ocupó los primeros lugares de popularidad de las listas de música norteamericana con el hit *Heaven Is a Place On Earth* [El cielo es un lugar en la tierra].

Una canción muy «buena» pero con pésima teología.

Ella no es la única que canta esta canción. Quizá has escuchado diferentes versiones de esta misma canción.

En un ómnibus escuchas, casualmente, la conversación de una chica que está hablando con un chico de chamarra de cuero.

«¿Sabes lo que creo? Yo creo que el cielo es lo que tú haces, creo que es un estado mental. ¿No crees?»

Quizás también has escuchado la otra cara de la moneda.

«Escuchen», dice el hombre del tatuaje en la cafetería, «mi vida ha sido un infierno aquí», y golpea en el mostrador. «El infierno no puede ser peor que lo que ya he vivido aquí».

Bueno, eso es un mito.

Es cierto que parte de la experiencia humana puede ser de tanta felicidad, que va a ser difícil imaginar alguna cosa mejor o superior a esa. De igual manera es cierto que algunas experiencias son tan violentamente traumáticas que no parece que el infierno pueda ser peor.

Sin embargo, la Biblia enseña claramente que existe un verdadero cielo y un verdadero infierno.

Jesús les dijo a Sus seguidores: «En la casa de mi Padre muchas moradas hay... voy, pues, a preparar lugar para vosotros» (Juan 14.2). También fue muy claro cuando les dijo a Sus discípulos, quienes acababan de sacar demonios de la gente, que el cielo es un lugar o un estado muy deseado: «Pero no os regocijéis de que los espíritus se os sujetan, sino regocijaos de que vuestros nombres están escritos en los cielos» (Lucas 10.20).

El apóstol Juan, ya envejecido, en su visión del cielo y el

futuro en Apocalipsis, el último libro de la Biblia, provee algunos detalles acerca del cielo, describiéndolo como un lugar en la presencia de Dios, donde «...ni habrá más llanto, ni clamor, ni dolor...», donde «...sus siervos le servirán, y verán su rostro... y reinarán por los siglos de los siglos» (Apocalipsis 21.4; 22.3-5). Para la chica del ómnibus que cree que el cielo está en la tierra, le comunicaría el mensaje de la Biblia con estas palabras: «¡Tú no has visto nada todavía!»

De igual manera, la Palabra de Dios es clara al indicar que el futuro también tiene castigo para los malos en un lugar o estado llamado el infierno. Jesús habló claramente de un tiempo donde: «Entonces dirá también a los de la izquierda: Apartaos de mí, malditos, al fuego eterno preparado para el diablo y sus ángeles» (Mateo 25.41).

Juan, en su visión, también relata el castigo que les espera a: «...los cobardes e incrédulos, los abominables y homicidas, los fornicarios y hechiceros, los idólatras y todos los mentirosos tendrán su parte en el lago que arde con fuego y azufre, que es la muerte segunda» (Apocalipsis 21.8). Trágicamente, para el hombre en la cafetería que piensa que su vida ha sido un infierno, el mensaje de la Biblia puede ser: «¡Tú no has visto nada todavía!»

En realidad, la Biblia habla bastante sobre el tema del infierno y siempre lo hace en términos muy severos, como un camión que va sin freno colina abajo tocando el claxon para prevenir del peligro que se aproxima.

Desafortunadamente, no mucha gente ve las prevenciones que la Biblia da en cuanto al infierno o sus promesas acerca del cielo. Pero como el escritor de Hebreos dice: «...es necesario que con más diligencia atendamos a las cosas que hemos oído, no sea que nos deslicemos. Porque si la palabra dicha por medio de los ángeles fue firme, y toda transgresión y desobediencia recibió justa retribución, ¿cómo escaparemos nosotros, si descuidamos una salvación tan grande?...» (Hebreos 2.1-3).

Ejercicio

Desarrolla tu capacidad para enfrentar el mito de que el cielo es un lugar en la tierra con este ejercicio:

Lee las siguientes porciones de la Escritura y, en los espacios provistos, escribe los nombres de estas cuatro personas (de las que habla el escritor en cada pasaje) que revelaron creer en el cielo:

1. Mateo 6.20 _____

_____

2. 2 Corintios 5.1 _____

_____

3. 2 Pedro 3.13 _____

_____

4. Apocalipsis 19.11 _____

_____

Haz lo mismo con las personas que afirmaron su creencia en un infierno real:

5. Mateo 23.33 _____

_____

6. 2 Pedro 2.4 _____

_____

7. Apocalipsis 20.13-15 _____

_____

(Respuestas: 1.Jesús; 2.Pablo; 3.Pedro; 4.Juan; 5.Jesús; 6.Pedro; 7.Juan.)